STARK

BundesAbitur

Englisch

Aktuelle Aufgabentypen
für das Abitur

STARK

Bildnachweis

Listening Comprehension

S. 19: Zukunft © 123rf.com
S. 20: Helikoptereltern © Aleutie | Dreamstime.com
S. 22: Radfahrer in London © Stephen Craven / Freecycle riders on Threadneedle Street
S. 23: Boykott Apartheid © Djembayz [CC BY-SA 3.0 (https://creativecommons.org/licenses/by-sa/3.0)], from Wikimedia Commons
S. 33: selbstfahrendes Auto © Martial Red. Shutterstock
S. 34: Chinatown © chensiyuan (chensiyuan) [GFDL (http://www.gnu.org/copyleft/fdl.html) or CC BY-SA 4.0 (https://creativecommons.org/licenses/by-sa/4.0)], via Wikimedia Commons
S. 35: Little Italy © Tomás Fano (New York. Little Italy) [CC BY-SA 2.0 (https://creativecommons.org/licenses/by-sa/2.0)], via Wikimedia Commons
S. 36: Moira Cameron © ddp / interTOPICS
Tower of London © Marek Stefunko. Shutterstock
S. 48: Medaille © art-sonik. Shutterstock

Reading Comprehension

S. 59: junge Frau am Laptop © mavo. Shutterstock
S. 62: junge Frau bei der Arbeit © stockbroker. 123rf.com
S. 71: Oxford © stocker1970. Shutterstock
S. 74: junge Wählerin © Lisa F. Young. Shutterstock
S. 76: Plastikflaschen © monticello. Shutterstock
S. 77: Müllberg © MOHAMED ABDULRAHEEM. Shutterstock
S. 78: Drone © 123rf.com
S. 80: Drone über den Bergen © 123rf.com

Mediation

S. 85: Weltkugel mit Fotos © Arenacreative / Dreamstime.com
S. 90: junge Frau mit Smartphone © Stockdreams / Dreamstime.com
S. 91: Piktogramme © Alekup / Dreamstime.com
S. 92: Stoppschild © http://commons.wikimedia.org/wiki/File:UK_traffic_sign_601.1.svg
unebene Fahrbahn © UK Government http://commons.wikimedia.org/wiki/File:UK_traffic_sign_556.svg
Doppelkurve © UK Government http://commons.wikimedia.org/wiki/File:UK_traffic_sign_513.svg
Bahnübergang © UK Government http://commons.wikimedia.org/wiki/File:UK_traffic_sign_770.svg
S. 93: Flughafen © Vacclav / Dreamstime.com
Toilette © Shariff Che\'Lah / Dreamstime.com
Warnschild Totenkopf © Bartek Ambrozik / sxc.hu
S. 98: Base-Jumper© xof711 / iStockphoto
S. 99: Base-Jumper © jacomstephens / iStockphoto
S. 107: Studierende mit Diplomen © tomwang 123rf.com

Writing

S. 114: Ökotourismus © petrmalinak. Shutterstock
S. 116: Müll am Strand © maciejbledowski. 123rf.com
Hochhäuser am Strand © DAE Photo. Shutterstock
S. 117: Umweltverschmutzung Gebirge © Mikadun. Shutterstock
Strandhütte © Tshooter. Shutterstock
S. 141: Theatermasken © Standard Studio. Shutterstock
S. 156: Big Brother is Watching You © sangoiri. 123rf.com
S. 167: Mädchengruppe mit Smartphones © CREATISTA. Shutterstock

6. neu bearbeitete Auflage
www.stark-verlag.de

Inhalt

Autor*innen:
Übungsaufgaben *Listening Comprehension*, *Reading Comprehension*, *Mediation*: Paul Jenkinson
Hinweise und Tipps, Übungsaufgaben *Writing*: Redaktion

Vorwort

Liebe Schülerinnen und Schüler,

auch wenn die Abiturprüfungen weiterhin in den verschiedenen Bundesländern unterschiedlich gestellt sein werden, haben sich die Kultusminister*innen auf gemeinsame **Bildungsstandards** geeinigt, die für alle deutschen Abiturientinnen und Abiturienten bestimmte Kompetenzerwartungen festlegen. Dieses Buch soll Sie auf vier dieser Teilkompetenzen – das **Hörverstehen**, das **Leseverstehen**, die **Sprachmittlung** und das **Schreiben** – vorbereiten.

Das Kapitel **„Hinweise und Tipps“** informiert Sie über die allgemeinen Vorgaben der Bildungsstandards. Darüber hinaus fasst es in Kürze die wichtigsten Herangehensweisen an typische Aufgabenformate der einzelnen Bereiche zusammen.

Der Hauptteil des Buches widmet sich dem ausführlichen **Üben**. Sie finden hier umfangreiches Material, um sich auf die für Ihre Klausuren oder Ihre Prüfung jeweils relevanten Kompetenzbereiche vorzubereiten. Zu allen **Aufgaben** wurden vollständige **Musterlösungen** ausgearbeitet, zu den komplexen Sprachmittlungs- und Schreibaufgaben finden Sie außerdem sogenannte **„Step-by-step approaches“**, mithilfe derer Sie sich Schritt für Schritt an die Musterlösungen heranarbeiten können.

Die beiliegende **CD-ROM** enthält zum einen die **Audiodateien** zum Hörverstehen.

Zum anderen haben Sie hier Zugriff auf das **ActiveBook „Basic Language Skills“**. Dieses bietet Ihnen zusätzliche Übungsaufgaben zum Hör- und Leseverstehen sowie zu sprachlichen Grundlagen wie Wortschatz, Grammatik, Schreibtechniken, etc. Diese Aufgaben sind **interaktiv**, d. h., Sie können sie am PC bearbeiten und unmittelbar auswerten.

Ich wünsche Ihnen eine effektive Abiturvorbereitung und eine erfolgreiche Abiturprüfung!

Paul Jenkinson

Aufgabentypen im Englisch-Abitur
Hinweise und Tipps

Allgemeine Hinweise

Ausgangslage

Wie eine Abiturprüfung im Fach Englisch aussehen soll, ist in den „Bildungsstandards für die Allgemeine Hochschulreife" der Kultusministerkonferenz (KMK) festgelegt, die für ganz Deutschland gelten. Mit diesen **einheitlichen Prüfungsvorgaben** wird das Ziel verfolgt, für eine bessere Vergleichbarkeit der Anforderungen in den verschiedenen Bundesländern zu sorgen. Aufgabenbeispiele zeigen, wie Abituraufgaben aufgebaut sein sollen und welche Aufgabenformen vorkommen könnten. In der Verantwortung der einzelnen Bundesländer liegt es dann, innerhalb dieses Rahmens die Vorgaben zu spezifizieren und die Prüfungsaufgaben zu erstellen. Dass sich der Unterricht in der gymnasialen Oberstufe sowie die Abiturprüfung selbst dennoch von Land zu Land stark unterscheiden, bekommen vor allem Schüler und Eltern zu spüren, die in ein anderes Bundesland umziehen.

Was geben die Bildungsstandards vor?

Um die **Vergleichbarkeit der Abiturprüfungen** zu erhöhen und damit die **Chancengerechtigkeit** zu verbessern, geben die Bildungsstandards bestimmte Kompetenzziele vor, die die Schülerinnen und Schüler am Ende der gymnasialen Oberstufe erreicht haben sollen. Im Fach Englisch werden u. a. die sogenannten **funktionalen kommunikativen Kompetenzen** erwartet. Diese lassen sich in fünf Teilkompetenzen untergliedern, welche obligatorisch oder optional Teil der Abiturprüfungen in den einzelnen Bundesländern sind. Es handelt sich um eine Mischung aus Verstehens- und Mitteilungsfähigkeiten, die sich in die Teilbereiche **Hör-/Hörsehverstehen**, **Leseverstehen**, **Schreiben**, **Sprechen** und **Sprachmittlung** gliedern lassen. Aufbauend auf den von der KMK festgelegten Bildungsstandards ist das Institut für Qualitätsentwicklung im Bildungswesen (IQB) kontinuierlich damit beschäftigt, eine Sammlung von Aufgaben zu den einzelnen Teilkompetenzen zu erstellen, aus denen die Bundesländer sich bedienen können, um diese sogenannten **Poolaufgaben** in ihren Abiturprüfungen einzusetzen. Auch wenn das Angebot der Poolaufgaben unterschiedlich stark angenommen wird, lassen sich doch gewisse Übereinstimmungen in den Abiturprüfungen der einzelnen Länder feststellen.

Entsprechend der Vorgaben der Bildungsstandards soll eine Abiturprüfung drei **Anforderungsbereiche** abdecken: Anforderungsbereich I fordert von den Prüflingen **Reproduktion** und **Textverstehen**, Anforderungsbereich II **Reorganisation** und **Analyse** und Anforderungsbereich III **Wertung** und

Gestaltung. Je nach Niveaustufe (erhöhtes oder grundlegendes Anforderungsniveau) liegt der Fokus auf mehr oder weniger komplexen Aufgabenstellungen.

Obligatorischer Prüfungsteil Schreiben

Als **obligatorischer Prüfungsteil** ist allen Bundesländern die **Schreibaufgabe** vorgegeben. Wie genau diese gehandhabt wird, ist nicht eindeutig vorgeschrieben. In den Bildungsstandards werden jedoch gewisse Vorgaben gemacht, die im nachfolgenden Abschnitt zum Schreiben (vgl. S. 13) näher ausgeführt werden. Die Schreibaufgaben im Abitur oder in anderen Oberstufenklausuren haben üblicherweise eine Textgrundlage. Somit ist im Prüfungsteil Schreiben auch Ihr Leseverstehen gefragt, da Sie die Textvorlage ja zunächst einmal verstehen müssen, bevor Sie die darauf abzielenden Fragen beantworten können. In den vier Übungsaufgaben zum Schreiben, die Sie in diesem Buch finden, können Sie sehen, wie solche Textaufgaben aussehen können.

Weitere Prüfungsteile

Neben dem Kompetenzbereich Schreiben werden in Ihrer Abiturprüfung bis zu zwei der weiteren vier Teilkompetenzen (Hörverstehen, isoliertes Leseverstehen, Sprachmittlung und Sprechen) abgedeckt. Sollten **Hörverstehen** oder **Sprechen** nicht Teil Ihrer Abiturprüfung sein, werden diese beiden Kompetenzbereiche obligatorisch in einer Ihrer Oberstufenklausuren abgeprüft. Dieses Buch widmet sich den schriftlich abgeprüften Teilkompetenzen und bietet auch zum **Hörverstehen**, **Leseverstehen** und zur **Sprachmittlung** vielfältiges Übungsmaterial.

Länderspezifische Aufgaben

Zur passgenauen Vorbereitung auf genau Ihre Abiturprüfung empfehlen wir die **Abiturprüfungsbände** des STARK Verlags, die auf die einzelnen Bundesländer abgestimmt sind. Sie enthalten u. a. eine Sammlung von Original-Prüfungsaufgaben der letzten Jahre mit schülergerechten Musterlösungen:

- Baden-Württemberg (Gymnasium: Best.-Nr. 85461, Berufliches Gymnasium: Best.-Nr. 825501)
- Bayern (Gymnasium: Best.-Nr. 95461, FOS/BOS 12: Best.-Nr. 92550, FOS/BOS 13: Best.-Nr. 92551)
- Berlin/Brandenburg (Best.-Nr. 125460)
- Hamburg (Best.-Nr. 25460)
- Hessen (Best.-Nr. 65460)
- Niedersachsen (eA: Best.-Nr. 35460, gA: Best.-Nr. 35470)
- Nordrhein-Westfalen (LK: Best.-Nr. 55460, GK: Best.-Nr. 55470)
- Rheinland-Pfalz (Best.-Nr. 75460)
- Sachsen (Best.-Nr. 145460)
- Sachsen-Anhalt (Best.-Nr. 155460)
- Schleswig-Holstein (Best.-Nr. 15460)
- Thüringen (Best.-Nr. 165460)

Kompetenzbereich *Listening Comprehension*

Allgemeine Vorgaben zum Hörverstehen

Grundlagen für die Überprüfung der **rezeptiven Teilkompetenz Hörverstehen** sollen laut Bildungsstandards Audiotexte von etwa fünf Minuten Länge sein. Mehr und mehr geht das Format weg von einem einzigen Text und hin zu zwei bis vier Einzeltexten mit dazugehörigen Aufgabenstellungen. Es kann sich um verschiedenes authentisches Sprachmaterial handeln (z. B. Reden, Interviews oder Radiobeiträge). Gesprochen wird meist von *native speakers*, aber bisweilen auch von Sprecher*innen, die Englisch als Lingua franca benutzen, wobei mehr oder weniger starke Akzente sowie ablenkende Hintergrundgeräusche das Verständnis erschweren können. In der Prüfung wird Ihnen in der Regel **jeder Hörtext zweimal vorgespielt**. Vor dem ersten Hören haben Sie einige Minuten Zeit, sich die Aufgaben durchzulesen. Zwischen dem ersten und dem zweiten Hören sowie nach dem zweiten Hören gibt es ebenfalls eine Pause, in der Sie Zeit haben, Ihre Antworten zu notieren bzw. zu vervollständigen. Insgesamt dauert dieser Prüfungsteil etwa 30 Minuten. Da beim isolierten Hörverstehen nur Ihr Textverständnis abgeprüft werden soll, werden Ihnen hier **halboffene und geschlossene Aufgabentypen** begegnen. Bei diesen müssen Sie wenig bis gar keinen eigenen Text produzieren und sprachliche Fehler Ihrerseits werden nur gewertet, wenn sie Ihr Textverständnis entstellen.

Praktische Tipps zur Bearbeitung

Vor dem ersten Hören

Nutzen Sie die Zeit vor dem ersten Durchgang, um die Aufgabenstellungen genau zu lesen. Oft stellt die Aufgabenstellung eine Hilfe für das Verständnis des Textes dar: Anhand der Aufgaben sehen Sie, auf welche Inhalte Sie sich einstellen können. Oft folgen die Aufgaben außerdem der Chronologie des Textes, sodass eine genaue Aufgabenkenntnis es Ihnen erleichtern sollte, sich auf bestimmte Textpassagen gesondert zu konzentrieren, andererseits aber nicht nervös zu werden, wenn Sie manche Stellen nicht im Detail verstehen. Vielleicht wird genau diese schwer verständliche Stelle gar nicht abgefragt oder ein grobes Verständnis derselben reicht aus, um eine Frage richtig beantworten zu können.

Erster Durchgang

Beantworten Sie während des ersten Hörens alle Fragen, deren Antwort Sie sicher kennen. Sollten Sie sich bei einer Antwort nicht sicher sein, machen Sie sich ein Zeichen (mit Bleistift) an den Rand. So sehen Sie sofort, auf welche Teilaufgaben Sie sich beim zweiten Hören besonders konzentrieren müssen. Wie bereits erwähnt, folgen die Teilaufgaben häufig der Textchronologie, sodass Sie bei Auslassungen oder Markierungen am Rand in der nächsten Hörrunde gleich wissen sollten, wann Sie noch einmal ganz genau zuhören müssen. Sollten Sie einmal die Antwort zu einer Aufgabe nicht sofort wissen, gehen Sie gleich zur nächsten, da Ihnen sonst eventuell wichtige Informationen für die Beantwortung dieser Aufgabe entgehen. Oft werden im Hörtext ähnliche Formulierungen verwendet wie in der Aufgabenstellung. Achten Sie auf Schlüsselwörter, dann erkennen Sie die relevanten Textstellen schnell. Dennoch sollten Ihnen die Formulierungen der Aufgabenstellungen vor allem inhaltlich verständlich sein, da es häufig keine Eins-zu-eins-Übereinstimmung zwischen dem Wortlaut des Hörtextes und der Aufgabenstellungen geben wird.

Vor dem zweiten Hören

In der Pause zwischen erstem und zweitem Hören sollten Sie besonders die Aufgaben noch einmal genau lesen, die Sie noch nicht beantworten konnten.

Zweiter Durchgang

Konzentrieren Sie sich auf die Lücken in Ihren Antworten und versuchen Sie, diese zu vervollständigen.

Mögliche Aufgabentypen

Folgende Aufgabentypen kommen häufig in Klausuren zur *Listening Comprehension* vor:

- **True/false**
  Sie müssen entscheiden, ob eine Aussage zum Text richtig oder falsch ist. Achten Sie auch auf Details, möglicherweise unterscheidet sich die Aussage nur in einer Kleinigkeit vom Text.
- **Multiple Choice**
  Aus einer Auswahl von Aussagen sollen Sie die zutreffende(n) ankreuzen. Achten Sie hier genau auf die Angabe, wie viele Kästchen Sie ankreuzen müssen. Sollten Sie zu viele Kreuze setzen, kann es sein, dass Sie keinen Punkt für diese Aufgabe erhalten – selbst wenn die richtigen Möglichkeiten angekreuzt sind. Auch hier entscheiden oft Kleinigkeiten darüber, ob eine Aussage stimmt oder nicht. Lassen Sie sich also nicht davon irritieren, dass eine bestimmte Formulierung oder ein bestimmter Aspekt sowohl in der Aufgabenstellung als auch im Text vorkommt. Nur wenn die Gesamtaussage von beiden übereinstimmt, dürfen Sie das entsprechende Kästchen ankreuzen. Gerade wenn nur eine Lösung richtig ist, wie es bei der Aufgabenart Multiple Choice häufig der Fall ist, kann auch das Ausschlussprinzip zur richtigen Lösung führen, d. h., wenn es Ihnen leichter fällt, eindeutig falsche Möglichkeiten auszuschließen, sind Sie der richtigen Lösung schon deutlich näher.

- **Multiple matching**
  Hierbei handelt es sich um Zuordnungsaufgaben. Sie müssen beispielsweise bestimmte Meinungen oder Aussagen am Gespräch beteiligten Personen zuordnen oder passende Überschriften für einzelne Textabschnitte auswählen.
- **Short answer questions/sentence completion/table completion/ gap fill in**
  Bei diesen halboffenen Aufgabenformaten müssen Sie selbst etwas schreiben. Allerdings geht es normalerweise nur darum, auf Fragen in kurzen Sätzen oder auch nur Stichpunkten zu antworten. Oft müssen Sie auch vorgegebene Satzanfänge richtig vervollständigen oder in einem längeren Lückentext Informationen aus dem Hörtext ergänzen. Normalerweise dürfen Sie genau die Formulierung aus dem Hörtext übernehmen, müssen also keine eigenständige Textproduktionsleistung erbringen. Dennoch sollten Sie darauf achten, dass durch Ihre Ergänzungen ein grammatikalisch richtiger englischer Satz entsteht – auch wenn sprachliche Fehler nur gewertet werden, wenn sie den Sinn Ihrer Antwort entstellen. Besonders in Tabellen werden häufig Zahlenangaben oder ähnliche Detailinformationen gefordert. Achten Sie hier also sehr genau auf die betreffenden Textstellen.

Die Übungsaufgaben zum Hörverstehen in diesem Buch

Insgesamt finden Sie drei Sets von Übungsaufgaben zum Hörverstehen in diesem Buch. Eine Übungsaufgabe besteht aus jeweils zwei bis vier Einzeltexten, zu denen Ihnen entweder verschiedene oder einheitliche Aufgabentypen begegnen werden. Thematisch orientieren sich alle Texte an den in den Bildungsstandards festgelegten Hauptthemenblöcken „Lebens- und Erfahrungswelt Heranwachsender“, „Öffentliches Leben der Bezugskulturen“, „Alltag und Berufswelt“ sowie „Themen von globaler Bedeutung“. Auf der beiliegenden CD-ROM finden Sie alle Hörtexte in dem Ordner „Audiodateien“. Um eine Abiturprüfung zu simulieren, sollten Sie jeden Text nur zweimal anhören und sich vor dem ersten Hören, zwischen den beiden Hördurchgängen und nach dem zweiten Hören einige Minuten Zeit lassen, um die Fragen zu beantworten, bevor Sie Ihre Antworten im Lösungsteil überprüfen.
Auch im ebenfalls auf der CD-ROM enthaltenen **ActiveBook „Basic Language Skills“** können Sie die Kompetenz Hörverstehen trainieren. Hier finden Sie Aufgaben zu weiteren vier Hörtexten. Diese sind intraktiv, d. h., Sie können sie unmittelbar am PC bearbeiten und auswerten lassen.

Kompetenzbereich *Reading Comprehension*

Allgemeine Vorgaben zum Leseverstehen

Auch wenn Ihr Leseverständnis auch in anderen Prüfungsteilen vorausgesetzt wird, so beispielsweise im Bereich Schreiben, der immer eine Textgrundlage hat, soll es neben dieser integrativen Überprüfung vermehrt auch isoliert als ausschließlich **rezeptive Teilkompetenz** abgeprüft werden. Dementsprechend werden Ihnen hier auch sehr ähnliche Aufgabenformate wie im Bereich Hörverstehen begegnen, da nicht Ihre eigene Textproduktion im Vordergrund stehen soll, sondern in **geschlossenen und halboffenen Fragestellungen** das Grob- und das Detailverständnis unbekannter authentischer Texte beurteilt wird. In den Bundesländern, die momentan eine isolierte Überprüfung des Leseverstehens vorsehen, wird diese unterschiedlich gehandhabt. Die Prüflinge erhalten entweder einen oder mehrere voneinander unabhängige Textgrundlagen, zu denen Sie gemischte oder einheitliche (z. B. nur Multiple Choice) Aufgabenstellungen bearbeiten müssen.

Praktische Tipps zur Bearbeitung

Erster Schritt: Grobverständnis

Zunächst empfiehlt es sich, den Text, den Sie als Erstes bearbeiten wollen, einmal im Ganzen durchzulesen. Viele Prüflinge machen den Fehler, sich sofort auf die Aufgabenstellungen zu stürzen und den Text dann nur noch kursorisch nach bestimmten in den Aufgaben angesprochenen Textstellen zu durchforsten. Es ist jedoch wichtig, dass Sie auch einen Gesamtüberblick über die Thematik gewinnen, da manche Fragen vielleicht auf den ersten Blick zu einem anderen Ergebnis führen könnten, als wenn man sie im Gesamtzusammenhang des Textes betrachtet. Dennoch sollten Sie für diesen ersten Schritt nicht allzu viel Zeit aufwenden: Schlagen Sie beispielsweise nicht jedes Ihnen unbekannte Wort im Wörterbuch nach. Entscheidend ist, dass Sie die Gesamtaussage des Textes nachvollziehen können.

Zweiter Schritt: Aufgabenstellung

Nach diesem ersten Durchlesen sollten Sie sich auf die Aufgabenstellung konzentrieren. Zum einen ist es wichtig, dass Sie genau verstehen, was durch einen bestimmten Arbeitsauftrag von Ihnen erwartet wird. Hierbei hilft Ihnen neben dem kontinuierlichen Üben verschiedener Aufgabentypen auch der folgende Teil, der Ihnen die möglichen Aufgabenformate kurz vorstellt. Zum anderen sollten Sie die Aufgabenstellungen aber auch inhaltlich sehr genau erfassen. Hier können Sie also durchaus auch auf Ihr Wörterbuch zurückgreifen, wenn Sie einzelne Fragestellungen oder Aussagen nicht verstehen. Gerade bei Multiple-Choice- oder True/False-Aufgaben werden die Fragen oft bewusst so gestellt, dass Sie nur anhand kleiner Details entscheiden können, welche die jeweils richtige Lösung ist.

Dritter (und folgende) Schritt(e): Detailverständnis

Wenn Sie die Aufgabenstellungen erfasst haben, sollten Sie in weiteren selektiven Lesedurchgängen die Textpassagen finden, auf die sich die einzelnen Fragen beziehen. Es bietet sich an, diese Textstellen auch farblich zu kennzeichnen, damit Sie immer wieder leicht dorthin zurückfinden, um sie mehrmals genau durchzulesen. Oft folgen die Fragen der Textchronologie, es kann aber auch je nach Aufgabenart der ganze Text relevant für die Beantwortung einer Frage sein. Dann kann es zum Beispiel auch helfen, sich am Rand des Textes Notizen zu machen, mit denen man einzelne Abschnitte in eigenen Worten kurz zusammenfasst, um so die Hauptstränge der Textführung zu erkennen. In jedem Fall sollten Sie jede Ihrer Antworten am Text belegen können. Manche Aufgabentypen fordern sogar ein Textzitat, das beweist, dass Sie die Antwort nicht einfach erraten haben. Auf der sicheren Seite sind Sie, wenn Sie Ihre Antworten und den Text immer wieder miteinander abgleichen.

Mögliche Aufgabentypen

Folgende Aufgabentypen kommen häufig in Klausuren zur *Reading Comprehension* vor:

- **True/false (with justification)**
  Sie müssen entscheiden, ob eine Aussage zum Text richtig oder falsch ist. Achten Sie auch auf Details, möglicherweise unterscheidet sich die Aussage nur in einer Kleinigkeit vom Text. Im Gegensatz zum Hörverstehen wird bei der Überprüfung des Leseverstehens oft auch ein Textzitat gefordert, mit dem Sie „beweisen" müssen, dass Ihre Entscheidung durch den Text gestützt wird. Achten Sie genau auf die Aufgabenstellung, wie Sie die betreffende Textstelle eindeutig markieren sollen. Häufig werden beispielsweise die Zeilennummer sowie die ersten und letzten drei Worte der entscheidenden Passage gefordert. Bisweilen ist neben „true" und „false" auch die Möglichkeit „not given/not in the text" gegeben. Für diesen Fall müssen Sie natürlich kein Textzitat angeben.
- **Multiple Choice**
  Aus mehreren Lösungsmöglichkeiten müssen Sie zumeist die eine richtige auswählen. Je nach Aufgabenstellung können aber auch mehrere Möglichkeiten stimmen. Ähnlich wie bei true/false werden die Aufgaben so gestellt sein, dass sie nicht auf den ersten Blick beantwortet werden können, sondern oft Details entscheiden, welche Aussage(n) die richtige(n) ist/sind.

- **Multiple matching**
  Auch dieser Aufgabentyp kann Ihnen sowohl beim Lese- als auch beim Hörverstehen begegnen. Beim Leseverstehen wird es sehr oft passieren, dass Sie einzelnen Textabschnitten Überschriften zuordnen müssen. Ähnlich wie beim Hörverstehen sind aber auch andere Zuordnungsaufgaben möglich, so z. B. die Charakterisierung von im Text vorkommenden Personen oder Maßnahmen anhand einer Auswahl von Adjektiven, die Zuordnung von Standpunkten zu einzelnen Personen, etc.
- **Short answer questions/sentence completion/table completion/gap fill in**
  Auch die halboffenen Aufgabenformate ähneln stark denen im Bereich des Hörverstehens. Entweder müssen Sie Fragen in Kurzsätzen oder Stichworten beantworten, unvollständige Einzelsätze oder ganze Lückentexte ergänzen oder eine Tabelle mit bestimmten Informationen befüllen. Die Fragen oder unvollständigen Sätze werden hier selten genau dem Wortlaut des Lesetextes entsprechen. Hier ist es also wieder sehr wichtig, dass Sie sowohl die Aufgabenstellungen als auch den Text sinngemäß erfasst haben, damit Sie entscheiden können, auf welche Textpassagen Sie sich in Ihren Antworten stützen sollten.

Die Übungsaufgaben zum Leseverstehen in diesem Buch

Auch zum Leseverstehen finden Sie insgesamt drei Sets von Übungsaufgaben in diesem Buch. Um den verschiedenen Herangehensweisen in den einzelnen Bundesländern Rechnung zu tragen, gibt es sowohl einen Einzeltext mit dazugehöriger einheitlicher Aufgabenstellung, einen Lesetext mit gemischten Aufgabenformaten und eine Sammlung von mehreren etwas kürzeren Lesetexten mit jeweils dazugehörigen Aufgaben. Wenn Sie alle Aufgaben bearbeiten, haben Sie einen guten Eindruck davon, was bei dieser Teilkompetenz alles möglich ist.
Wenn Sie gerne am Computer arbeiten, können Sie auch die Teilkompetenz Leseverstehen anhand interaktiver Aufgaben im **ActiveBook „Basic Language Skills“** (auf der beiliegenden CD-ROM) trainieren. Hier finden Sie weitere vier Lesetexte mit abwechslungsreichen Übungsaufgaben und erhalten sofort eine Rückmeldung zu Ihren Lösungen.

Kompetenzbereich *Mediation*

Allgemeine Vorgaben zur Sprachmittlung

Bei der Sprachmittlung handelt es sich um eine adressaten-, sinn- und situationsgerechte **Übermittlung von Informationen von einer Sprache in eine andere**. Dies darf keinesfalls mit einer wörtlichen Übersetzung verwechselt werden. Stattdessen bedeutet es, dass Sie sich in Ihrem Abitur bzw. in einer Klausur zur Mediation auf folgende Situation einstellen können:

- Laut Bildungsstandards kann die Teilkompetenz Sprachmittlung schriftlich oder mündlich überprüft werden. Sowohl die Mutter- als auch die Fremdsprache können dabei Zielsprache Ihrer Übertragung sein. Meist wird sie auf Abiturniveau jedoch vom Deutschen ins Englische erwartet und in Schriftform abgeprüft. Dementsprechend erhalten Sie ein bis zwei **deutsche Texte**, deren Inhalt Sie auf Englisch wiedergeben müssen.
- Ihnen wird ein **Kontext** genannt, z. B. die Teilnahme an einem internationalen Workshop, der es notwendig macht, dass die Inhalte der deutschen Texte für ein englischsprachiges Publikum zusammengefasst werden.
- Meist werden **bestimmte Gesichtspunkte vorgegeben**, unter denen Sie den Text betrachten sollen, z. B. „Gehen Sie auf historische Veränderungen und Entwicklungen in diesem Bereich sowie auf gesellschaftliche Auswirkungen ein" oder "Outline the problem and its consequences".
- Der Kontext gibt Ihnen auch die **Textsorte** für Ihre Sprachmittlung vor, z. B. „Ihr amerikanischer Freund bittet Sie, die wichtigsten Aspekte des deutschen Textes auf Englisch zusammenzufassen. Sie schreiben ihm eine E-Mail." oder "You are taking part in an international youth conference. Write an article on the phenomenon of change for the website of the conference". Sie sollten also insbesondere mit Textsorten wie Zeitungsartikel, Zusammenfassung oder Brief/E-Mail vertraut sein. Wiederholen Sie die sprachlichen und formalen Besonderheiten, die diese kennzeichnen.
- Bisweilen wird Ihnen auch die **Länge** Ihres Lösungstextes vorgegeben, meist sind es ca. 250 Wörter. In jedem Fall müssen Sie den Ausgangstext zusammenfassen. Filtern Sie die Grundaussagen des Textes heraus und ignorieren Sie Details bzw. Aspekte, die nicht in der Aufgabenstellung verlangt sind.
- In der Regel wird in einer Zusammenfassung *present tense* verwendet. Um auf den Kontext einzugehen (z. B. „The text we talked about the other day") oder um Vorzeitigkeit wiederzugeben (z. B. "In 1911, an American witnessed a milk can leaving a trail of milk behind. Two years earlier, the need

for road signs had been recognised …"), kann die Verwendung von Vergangenheitszeiten notwendig werden.

Praktische Tipps zur Bearbeitung

Vier Schritte sollten Sie auf dem Weg zu einer guten Lösung beachten:
- **Schritt 1:** Analysieren Sie die Aufgabe.
- **Schritt 2:** Notieren Sie Stichpunkte zu den wichtigsten Aspekten aus dem Text.
- **Schritt 3:** Überlegen Sie sich eine geeignete Struktur und schreiben Sie den Text.
- **Schritt 4:** Überarbeiten Sie Ihren Text.

Schritt 1 Sehen Sie sich zuerst die Aufgabenstellung ganz genau an. Sie ist normalerweise in einen Kontext eingebettet, d. h., Ihnen wird eine Situation geschildert, in der Sie Informationen aus einem oder mehreren deutschen Texten für englische Adressaten zusammenfassen sollen. Aus diesem Kontext können Sie wichtige Vorgaben für Ihren Lösungstext ableiten:

- **Textsorte:** Sollen Sie z. B. eine Zusammenfassung, eine E-Mail oder einen Blogeintrag schreiben?
  Denken Sie bei einer E-Mail oder einem Brief an korrekte Anrede und Grußformel und gehen Sie zu Beginn des Briefes kurz auf die vorgegebene Situation ein (z. B. "Since you've just arrived in America, maybe you'll find the information that I've read in a German magazine helpful"). Überlegen Sie sich für einen Zeitungsartikel oder Blogeintrag auch eine passende Überschrift.
- **Sprache und Stil:** An wen richtet sich der Text?
  Anhand der geforderten Textsorte und des Adressaten, an den sich Ihr Text wenden soll, können Sie erkennen, welches Sprachregister und welcher Stil angemessen sind. Eine E-Mail an einen Freund kann umgangssprachliche Elemente enthalten und in einem lockereren Ton geschrieben sein. Ein Zeitungsartikel erfordert dagegen gehobene Sprache. Beachten Sie hierbei auch das Thema des Textes. Selbst in einer E-Mail an Freunde sollten Sie nicht zu salopp formulieren, wenn es um ein ernstes Thema wie Waffengewalt, Rassismus, Arbeitslosigkeit o. Ä. geht.
- **Inhalt:** Gibt es Vorgaben, welche Aspekte Ihr Text abdecken soll?
  Oft wird die Aufgabe eingeschränkt und Sie müssen nur bestimmte Inhalte des deutschen Textes wiedergeben, etwa nur Vorteile bzw. Nachteile, Pro- und Kontra-Argumente oder ein Problem, seine Ursachen und Folgen.

Setzen Sie sich nun intensiv mit dem Text auseinander: *Schritt 2*

- Nehmen Sie sich den Text vor und lesen Sie ihn ein erstes Mal. Beim ersten Lesen geht es darum, den Zusammenhang zu erfassen und zur Aufgabenstellung in Bezug zu setzen.
- Gehen Sie den Text dann ein zweites Mal Abschnitt für Abschnitt durch und **markieren Sie wichtige Passagen**. Außerdem können Sie Textstellen, die für die Aufgabe nicht relevant sind, durchstreichen.
- Eine weitere Methode, wie Sie den Inhalt reduzieren können, ist, sich am Rand **Oberbegriffe** oder **Kurzzusammenfassungen** zu jedem (relevanten) Absatz zu notieren. Am besten formulieren Sie diese gleich auf Englisch, damit Sie sie für Ihren Lösungstext verwenden können.
- Machen Sie sich zu den **Gliederungspunkten** aus der Aufgabenstellung **Stichpunkte auf Englisch**. Heißt es in der Aufgabe lediglich, dass Sie die wichtigsten Aspekte zusammenfassen sollen, so überlegen Sie sich selbst Oberbegriffe.
  Halten Sie Ihre Stichpunkte so kurz wie möglich und konzentrieren Sie sich auf das Wichtigste. Sollte Ihnen das passende englische Vokabular fehlen, suchen Sie nach Umschreibungen. Wenn Ihnen viele Wörter nicht einfallen, so könnte dies auch ein Hinweis darauf sein, dass Sie sich noch zu sehr auf Details konzentrieren. Verschwenden Sie keine Zeit, um alle unbekannten Wörter nachzuschlagen.

Gehen Sie Ihre Liste mit Stichpunkten noch einmal durch und überlegen Sie sich eine **geeignete Struktur** für Ihren Text. Prüfen Sie, ob die Oberbegriffe schon in einer sinnvollen Reihenfolge stehen. Vergleichen Sie sie zur Sicherheit nochmals mit der Aufgabe und streichen Sie ggf. überflüssige Punkte. Machen Sie sich dann ans Verfassen des Textes: *Schritt 3*

- Beginnen Sie den Text mit einer passenden **Einleitung**. Oft bietet sich ein Bezug zur vorgegebenen Situation an, z. B. in einem Brief oder einer E-Mail die Anrede an die Zielperson und die Begründung für das Schreiben. Bei einer Zusammenfassung eines Textes wird in der Regel ein sogenannter *umbrella sentence* erwartet, in dem Informationen wie Titel, Autor*in, Erscheinungsjahr und thematischer Schwerpunkt des Textes genannt werden ("The article by Thomas Röbke from *P.M. Perspektive*, 03/2012, explains how …").
- Halten Sie sich an die **vorgegebene Wortzahl**. Sie sollten sie nicht um mehr als 10 % über- oder unterschreiten. Ist Ihr Text wesentlich zu kurz oder zu lang, kann das ein Zeichen dafür sein, dass noch entscheidende Informa-

tionen fehlen bzw. dass Sie sich nicht auf die wesentlichen von der Aufgabenstellung geforderten Aspekte beschränkt haben.

- Beachten Sie das **Sprachregister**. Verwenden Sie in einem Zeitungsartikel z. B. keine Kurzformen wie „it's" oder „won't" und keine Umgangssprache.
- Achten Sie darauf, die **Struktur** Ihres Textes transparent zu machen, indem Sie Ihre Unterpunkte durch *linking words* wie „because of this", „consequently" oder „what is more" verbinden.
- Finden Sie einen geeigneten **Abschluss** für den Text. In einer E-Mail kann dies eine Frage an den Empfänger und die abschließende Grußformel sein, in einem Zeitungsartikel ist ein Fazit oder ein Ausblick in die Zukunft denkbar.

Schritt 4 Planen Sie genügend Zeit ein, um Ihren Text abschließend noch einmal gründlich durchzulesen und falls nötig zu verbessern. Zu Übungszwecken ist es sinnvoll, generell zuerst eine Rohfassung zu schreiben und diese dann im nächsten Schritt zu optimieren. Spätestens in der Prüfung sollten Sie in der Lage sein, diesen Zwischenschritt zu überspringen.

- Überprüfen Sie **Rechtschreibung** und **Grammatik**. Schlagen Sie im Wörterbuch nach, wenn Sie sich nicht sicher sind. Überprüfen Sie auch die Schreibung von im Text genannten Eigennamen.
- Lesen Sie die **Aufgabenstellung** noch einmal und haken Sie alle geforderten Punkte ab.

Die Übungsaufgaben zur Sprachmittlung in diesem Buch

Zur Sprachmittlung finden Sie vier Übungsaufgaben in diesem Buch. Während die Übungsaufgaben 1 und 2 Ihnen jeweils einen langen deutschen Text vorgeben, den Sie unter bestimmten Vorgaben ins Englische übertragen müssen, bestehen die Übungsaufgaben 3 und 4 aus zwei kürzeren Texten bzw. einem Text und einer Werbeanzeige. Auch die Zieltextformate sowie die angesprochenen Zielgruppen variieren.

Zu jeder Mediationsaufgabe finden Sie vor den Musterlösungen ausführliche sogenannte **„Step-by-step approaches"**. Diese stellen hilfreiche Zwischenschritte auf dem Weg zur Musterlösung dar. Sie können sie entweder selbst mit Informationen, die Sie für wichtig erachten, befüllen und anschließend als Gliederung für Ihren Text verwenden. Oder Sie nutzen die ausgefüllten **„Checkpoints"** als Strukturierungshilfen oder Anregungen, wenn Sie einmal inhaltlich nicht weiterkommen.

Kompetenzbereich *Writing*

Allgemeine Vorgaben zum Schreiben

Die Teilkompetenz Schreiben ist laut der Bildungsstandards der KMK der einzige **obligatorische Teil** der Abiturprüfung, der durch andere Teilkompetenzen ergänzt werden soll. Darüber hinaus bildet die Schreibaufgabe für gewöhnlich den bewertungsmäßig wichtigsten sowie den anspruchsvollsten Teil Ihrer Prüfung. Zum einen liegt das daran, dass hier **rezeptive und produktive Fähigkeiten** verknüpft werden. Jede Schreibaufgabe hat nämlich laut den Vorgaben der KMK eine **Textgrundlage**, die Sie zunächst gründlich durchdenken müssen, um anschließend auf ihr aufbauend Ihren eigenen zusammenhängenden Text in der Fremdsprache produzieren zu können. Als Vorlage kommen fiktionale sowie nicht-fiktionale Texte infrage. Dabei kann Ihnen entweder ein einzelner längerer Text vorgelegt werden oder auch mehrere thematisch verknüpfte Einzeltexte. Im Sinne eines erweiterten Textbegriffs sind auch Grafiken, Statistiken, Cartoons oder audiovisuelle Materialien denkbar.
Die zweite Schwierigkeit der Schreibaufgabe besteht darin, dass Sie hier in besonderem Maße alle **drei Anforderungsbereiche** (Reproduktion und Textverstehen, Reorganisation und Analyse, Wertung und Gestaltung) abdecken müssen. Häufig wird das durch drei Einzelfragestellungen bewirkt, die sich jeweils einem Anforderungsbereich zuordnen lassen. Bisweilen kann aber auch eine komplexe Fragestellung vorliegen, die alle drei Anforderungsbereiche kombiniert und von Ihnen einen zusammenhängenden Text erwartet.
Bewertet wird in Ihrer Lösung neben der inhaltlichen Aufgabenerfüllung auch Ihre sprachliche Leistung, die meistens sogar höheres Gewicht hat als die inhaltliche Komponente. Die im Folgenden genannten Aspekte können je nach Aufgabenstellung in die Bewertung einfließen und vermitteln einen Eindruck davon, wie viele Anforderungen Sie beim Lösen der Schreibaufgabe erfüllen müssen.

Inhaltliche Aufgabenerfüllung:

- Ist Ihr Text inhaltlich vollständig, d. h., nennen Sie alle durch den Arbeitsauftrag definierten Aspekte?
- Beachten Sie (falls von der Aufgabenstellung gefordert) eine bestimmte Zielgruppe, ein spezielles Textformat und eine vorgegebene Situation?
- Erkennen Sie am Ausgangstext bestimmte gestalterische Merkmale (z. B. Stilmittel) und beschreiben Sie sie richtig in Form und Funktion?
- Sind Ihre Aussagen durch den Text belegbar und weisen Sie das (falls durch die Aufgabenstellung gefordert) durch korrektes Zitieren nach?

- Lässt sich eine sinnvolle Struktur erkennen, folgt Ihr Text einem roten Faden und folgt ein Argument logisch auf das andere?
- Argumentieren Sie differenziert und setzen Sie sich selbstständig mit Werten und Haltungen auseinander?
- Ist Ihr Text (falls von der Aufgabenstellung gefordert) kreativ ausgestaltet oder lässt er sich in einen größeren Zusammenhang einordnen?
- Verknüpfen Sie Ihr Weltwissen sinnvoll mit den Erkenntnissen, die Sie aus einer Textvorlage gewinnen können?

Sprachliche Aufgabenerfüllung:
- Beherrschen Sie die Regeln der englischen Grammatik, Rechtschreibung und Zeichensetzung?
- Ist Ihr Wortschatz umfangreich, situativ angemessen, variabel und präzise?
- Ist Ihr Satzbau abwechslungsreich und sprachlich korrekt?
- Ist Ihr Text gut strukturiert, verwenden Sie passende Konnektoren und gliedern Sie in sinnvolle Abschnitte?
- Passt das Sprachregister/die Stilebene Ihres Textes zu der in der Aufgabenstellung vorgegebenen Situation?

Praktische Tipps zur Bearbeitung

Um diesen komplexen Anforderungen gerecht zu werden, sind je nach Aufgabenstellung unterschiedliche Herangehensweisen notwendig. Die im Folgenden erklärten Schritte gelten für die Bearbeitung von Aufgabenstellungen mit Textbezug, wie Verständnis- oder Analysefragen. Für essayistische oder kreative Aufgabenstellungen, die völlig losgelöst von der Textgrundlage sein können, fallen die Schritte zur Textarbeit weg. Stattdessen sollten Sie hier dem Auffinden geeigneter Argumente, der Gliederung Ihres Textes, aber auch der Erfüllung der Aufgabenstellung besondere Aufmerksamkeit schenken, damit Sie beispielweise Stil und Format der geforderten Textsorte gerecht werden.

1. Schritt: Grobes Textverständnis

Zunächst sollten Sie sich den Ausgangstext/die Ausgangstexte einmal **gründlich durchlesen**, um erste Hypothesen zum Textformat, zur Grundaussage und den wichtigsten inhaltlichen Punkten aufstellen zu können. Verwenden Sie das Wörterbuch, wenn Ihnen wichtige Passagen unverständlich erscheinen oder Sie das Gefühl haben, ganzen Argumentationssträngen nicht folgen zu können, aber nicht um einzelne unbekannte Wörter nachzuschlagen.

2. Schritt: Aufgabenstellung

Anschließend sollten Sie sich die Aufgabenstellung im Detail ansehen. Ein wichtiger Punkt hier sind die sogenannten **Operatoren**. Dies sind Arbeitsanweisungen, die Ihnen ziemlich genau vorgeben, was in einer Aufgabe von Ihnen erwartet wird. Sie lassen sich grob den drei Anforderungsbereichen zuordnen und geben Ihnen Auskunft darüber, ob in Ihrer Lösung beispielsweise eine inhaltliche Zusammenfassung des Ausgangstextes, eine Analyse oder Interpretation bestimmter Aspekte oder eine eigenständige kreative Leistung erwartet wird. Weitere Informationen und Beispiele hierzu finden Sie im Abschnitt „Mögliche Aufgabentypen".

3. Schritt: Detaillierte Textarbeit

Wenn Sie die Arbeitsaufträge verstanden haben, schließt sich hieran die ausführliche **Textarbeit** an. Sie sollten für jede Einzelaufgabe eine bestimmte Stiftfarbe wählen und in dieser im Text wichtige Stellen für den jeweiligen Arbeitsauftrag markieren.

4. Schritt: Vorbereitung Ihres Textes

Wenn Sie alles Material aus dem Text gesammelt haben, sollten Sie sich über eine sinnvolle **Strukturierung** Gedanken machen. Je nachdem, wie es am besten zu Ihrer Arbeitsweise passt, können Sie die für Sie wichtigen Punkte in einer Mindmap sammeln, eine Gliederung erstellen o. Ä. An dieser Stelle können Sie sich bereits wichtige **Konnektoren** überlegen, die sich danach richten, wie die einzelnen Argumente zusammenhängen. Handelt es sich beispielsweise um eine gleichwertige Aufzählung verschiedener Bereiche *(additionally, moreover, furthermore)*, stehen Argumente in einem kausalen Zusammenhang *(because, consequently)* oder widersprechen sich einzelne Punkte gegenseitig *(however, in spite of that)*?

5. Schritt: Verfassen des Textes

Wenn Sie sich über eine Gliederung im Klaren sind, versuchen Sie Ihren Text möglichst auf Englisch zu denken. Formulieren Sie abwechslungsreich und möglichst frei. Falls von der Aufgabenstellung Zitate gefordert werden, nutzen Sie diese an geeigneten Stellen und zitieren Sie richtig. Wenn Sie ein Wort oder eine ganze Passage unverändert aus dem Text übernehmen, nennt man das ein **direktes Zitat**. Setzen Sie die übernommene Textstelle in Anführungszeichen und geben Sie in Klammern die Zeilen an, aus denen die Textstelle stammt: z. B. "By apparently 'show[ing] that Islam and modern Britain are somehow incompatible' (ll. 60/61), people who disapprove of Muslims only drive them to isolation." Bei direkten Zitaten müssen Sie sämtliche Änderungen, die Sie vornehmen, um ein Zitat in Ihren Text einzupassen, durch eckige Klammern kennzeichnen. **Indirekte Zitate** dagegen verweisen zwar inhaltlich auf Argumentationsstränge des Ausgangstextes, Sie geben diese aber in Ihren eigenen Worten wieder: z. B. "Frank likens not being able to question Shakespeare's achievements to restricting Galileo's view (cf. ll. 39/40)."

6. Schritt: Redigieren des Textes

Der letzte Schritt erfordert noch einmal einiges an Konzentration. Sie sollten versuchen, Ihren Text wie ein Außenstehender zu betrachten. Versuchen Sie, falls zeitlich möglich, in **mehreren Korrekturdurchgängen** auf unterschiedliche Aspekte zu achten: Ein Korrekturdurchgang könnte insbesondere der Sprache gelten. Dafür ist es sinnvoll, wenn Sie schon im Laufe Ihrer Schulzeit eine Fehlerliste führen. So wissen Sie genau, welche Aspekte Ihnen immer wieder Probleme bereiten. Auf diese können Sie in dieser Korrekturphase dann ein gesondertes Augenmerk richten. Ein weiterer Korrekturdurchgang könnte beispielsweise die Struktur Ihres Textes betreffen, d. h., Sie überprüfen immer wieder, ob Ihre Argumente logisch aufeinanderfolgen und ein roter Faden dem Ganzen zugrunde liegt.

Mögliche Aufgabentypen

Normalerweise lassen sich die Aufgaben in Ihrer Abiturprüfung grob den folgenden drei Anforderungsbereichen zuordnen. Typische Operatoren finden Sie ebenfalls unter den genannten Bereichen.

- **Anforderungsbereich I: Reproduktion und Textverstehen**
  Im Anforderungsbereich I sollen Sie nachweisen, dass Sie einen Text verstanden haben und wichtige Aspekte in eigenen Worten wiedergeben können. Hier werden normalerweise keine Zitate verlangt und auch Wertungen oder Interpretationen gehen über diesen Anforderungsbereich hinaus. Meist gibt Ihnen die Aufgabenstellung vor, welche Hauptaspekte Sie aus dem Ausgangstext herausfiltern müssen.
  Typische Operatoren für den Anforderungsbereich I sind z. B.: *describe, outline, state, summarise.*
- **Anforderungsbereich II: Reorganisation und Analyse**
  Im Anforderungsbereich II geht es darum, sehr genau mit dem Text zu arbeiten, weil er interpretiert und unter bestimmten Gesichtspunkten analysiert werden soll. Grob gesagt ist eine Textanalyse die Behandlung eines Textes oder einzelner Textabschnitte unter Beachtung der folgenden Fragestellungen: Was wird gesagt? Wie wird es gesagt? Warum werden genau diese Mittel gewählt? Hier sind Textzitate entscheidend und oft sollen hier auch verschiedene Ausgangsquellen zueinander in Beziehung gesetzt werden, zum Beispiel ein Text mit einem Cartoon oder einer Statistik. Auch Personencha-

rakterisierungen oder die Herausarbeitung von Argumentationsstrukturen können in diesen Bereich fallen.
Typische Operatoren für den Anforderungsbereich II sind z. B.: *analyse, examine, characterise, compare, contrast, illustrate, interpret.*

- **Anforderungsbereich III: Wertung und Gestaltung**
  Der Anforderungsbereich III entfernt sich meist von der Textgrundlage, geht über diese hinaus und erwartet von Ihnen das Einbringen Ihres Weltwissens und die selbstständige Auseinandersetzung mit bestimmten Themen. Auch wenn theoretisch in jedem Anforderungsbereich auch eine bestimmte Textsorte erwartet werden kann (z. B. eine Zusammenfassung für einen Tagebucheintrag), werden Ihnen kreative und fiktionale Handlungskontexte hier am öftesten begegnen. Während es auch den „normalen" Essay, in dem Sie zu einem bestimmten Thema Stellung beziehen sollen, noch gibt, wird er immer häufiger ersetzt durch Aufgaben mit kreativem und fiktionalem Handlungskontext, wie einem Leserbrief, einem Blogeintrag, einer Rede etc.
  Typische Operatoren für den Anforderungsbereich III sind z. B.: *assess, comment on, discuss, reflect on, write* (+ Textsorte).

Die Übungsaufgaben zum Schreiben in diesem Buch

Zum Schreiben finden Sie vier Übungsaufgaben in diesem Buch. Sie bilden eine Vielzahl der im Abitur möglichen Aufgabenformen ab, indem sie Ihnen zwei Sachtexte und zwei fiktionale Textgrundlagen bieten, außerdem als Zusatzmaterial eine Cartoonanalyse sowie Statistiken zum Auswerten. Die Kontexte, die Ihnen vor allem für die jeweils dritte Schreibaufgabe vorgestellt werden, bilden ebenfalls einen Querschnitt durch einige der hier möglichen Aufgabenformen. Auch zu den Schreibaufgaben finden Sie vor den Musterlösungen ausführliche **„Step-by-step approaches"**. Nutzen Sie sie, ähnlich wie bei den Sprachmittlungsaufgaben, als Zwischenschritte und Hilfestellungen auf dem Weg zur Musterlösung.

Useful phrases

Für die Teilkompetenzen Schreiben und Sprachmittlung sollen Sie einen eigenständigen, zusammenhängenden Text in der Fremdsprache formulieren. Nicht nur sprachlich elegant, sondern auch inhaltlich hilfreich sind hier einen Text gliedernde Phrasen oder Verknüpfungselemente, sogenannte Konnektoren, von denen Sie einige Beispiele in der folgenden Tabelle finden. Je nach Textsorte und Zielpublikum passen mal formellere, mal weniger formelle Ausdrücke.

1. Introduction	
• I've just read/seen …	• *Ich habe gerade gelesen/gesehen …*
• I would like to look at (the issue of) …	• *Ich möchte (das Thema …) näher betrachten.*
• The text suggests/shows/indicates …	• *Der Text deutet an/zeigt/weist auf … hin.*
• The author deals with/tackles the issue of …	• *Der Autor/die Autorin behandelt (das Thema) …*
• When considering/regarding the issue/problem of …	• *Wenn man sich mit dem Thema/Problem … beschäftigt/auseinandersetzt, …*
2. Connecting aspects, listing arguments	
• First, secondly, thirdly, …	• *Erstens …, zweitens …, drittens …*
• Moreover/Additionally/Furthermore …	• *Darüber hinaus/Außerdem …*
• Therefore …	• *Deshalb …*
• Consequently …	• *Folglich …*
• Due to …	• *Aufgrund …*
• Because of that …	• *Deswegen …*
• However/Yet …	• *Aber/Jedoch …*
• Nonetheless …	• *Nichtsdestoweniger/Trotzdem …*
• On the one hand …, on the other (hand) …	• *Einerseits …, andererseits …*
• In spite of …/Despite the fact that …	• *Trotz …/Trotz der Tatsache, dass …*
• On the contrary …	• *Im Gegenteil …*
3. Conclusion	
• To sum up/to summarise …	• *Zusammenfassend …/Als Fazit …*
• To conclude/In conclusion …	• *Um zum Schluss zu kommen …/Als Schlussfolgerung …*
• On the whole …	• *Alles in allem/Im Großen und Ganzen …*
• Considering all these arguments/Weighing the pros and the cons …	• *Wenn man all diese Argumente betrachtet/das Für und Wider abwägt, …*

Listening Comprehension
Übungsaufgabe 1

Part 1: Future Living

You are going to hear Dr. Maggie Aderin-Pocock, a space scientist, giving her views about how we will live in the future.

- Before listening, read the gap text.
- Then listen to the recording and do the tasks.
- Listen to the recording again and finalise your answers.

T 1

Fill in the gaps.

Task

- Dr. Aderin-Pocock calls the period of change that we are in "the ______________________________".
- In crowded cities more space will be created by building ______________ and ______________.
- To further enlarge the living space, ______________ will no longer be a fantasy, they will probably happen.
- One advantage of technology is that you will never ______________ your room because your walls will automatically adapt to your mood.
- If you feel unwell, you will be able to gain a digital ______________ without going to a doctor.
- After this age has passed, the next one will involve ______________.
- Because of the advances being made and an ______________ some people today may witness these developments themselves.

Part 2: Helicopter Parents

T 2

You are going to hear a report about the changes in parenting styles.

- Before listening, read the following statements carefully.
- Then listen to the recording and do the tasks.
- Listen to the recording again and finalise your answers.

Task **Are the statements true or false? Tick (✓) the correct box.**

	true	false
a) It was not the first time that the girl had been left in the park.	☐	☐
b) American children never really had a lot of freedom alone.	☐	☐
c) A child's environment today is no more dangerous than before.	☐	☐
d) In spite of technology parents have less time for themselves.	☐	☐
e) Only a minority of parents do not do enough for their children.	☐	☐
f) Home background contributes most to a child's success.	☐	☐
g) Children would probably like to see parents taking it easy.	☐	☐

Part 3: Cycling in London

Sangeeta Grantham-Youngs is a young woman living in London. You are going to listen to her reflecting on her life while cycling through the city.

T 3

- Before listening, read the tasks carefully.
- Then listen to the recording. While listening, do the tasks.
- Listen to the recording again and finalise your answers.

Task

Tick (✓) the correct sentence endings. There is only one correct ending for each statement.

a) Sangeeta uses her bike …

- ☐ to go to and from work every day.
- ☐ because she cannot afford a car.
- ☐ to see friends at weekends.
- ☐ as part of her job.

b) She likes cycling because …

- ☐ it gets her fit.
- ☐ it is quicker than using public transport.
- ☐ she can be alone for a while.
- ☐ she meets interesting people while she cycles.

c) As a child she …

- ☐ was quite lazy.
- ☐ particularly liked music and sport.
- ☐ was quite active.
- ☐ never really enjoyed going to school.

d) Sangeeta describes herself as …

- ☐ shy.
- ☐ friendly.
- ☐ fun-loving.
- ☐ studious.

e) What she learnt as a student was …

- ☐ not directly career-related.
- ☐ a disadvantage when she was looking for work.
- ☐ how to deal with people.
- ☐ not what she expected.

f) In London, she …

- ☐ is on a work experience programme.
- ☐ lives with her partner.
- ☐ thinks she should try to be more sociable.
- ☐ met her boyfriend in a fitness studio.

Part 4: US Anti-Apartheid Movement Helped Bring Change to South Africa

You are going to listen to a report about how the anti-apartheid movement in America helped bring change to South Africa.

- Before listening, familiarise yourself with the sentence endings below and the people's names.
- Then listen to the recording and do the task.
- Listen to the recording a second time and finalise your answers.

T 4

Task

Multiple matching: Which statement describes which person? Match each person (1–5) with one correct sentence ending (A–F). One ending does not fit anyone.

A personally thanked American anti-apartheid fighters.
B thought that showing solidarity was the right thing to do even if it was painful at times.
C is of the opinion that public awareness was more successful than economic sanctions in dismantling apartheid.
D says that American protests were a trigger for anti-apartheid action in many other countries.
E thinks that apartheid might not have been abolished without protest from abroad.
F opposed the President's opinion in a decisive vote.

1. Ron Dellums	2. Howard Dobson	3. Tukwini	4. Richard Lugar	5. Nelson Mandela

Key

Part 1: Future Living

Transcript

T 1

Future Living

Since the dawn of humanity, we have strived to enhance our living and working environments. Over the years, we have witnessed numerous quantum leap moments, which have totally transformed our lives. Today we are making the next giant stride – the age of the smarter home. At any time and from anywhere we can now switch on lights, turn up thermostats, unlock the back door using Samsung SmartThings technology. So, what can we expect to see in the next 100 years?

As city space becomes more squeezed, we will burrow deeper and build higher. Towering mega structures will dwarf today's skyscrapers, while earthscrapers will tunnel 25 stories deep or more. Underwater cities are likely to become a reality using the water itself to create breathable atmospheres. Doc Brown in *Back to the Future* said, "Where we're going, we don't need roads." He may have got the year wrong but his forecast about transport is likely to be correct.

Some of us will be travelling the skyways with our own personal flying drones, some strong enough to carry entire homes around the world for holidays.

Flexible smart walls will mean you won't ever need to decorate. L.E.D. room surfaces will adapt to suit your mood.

When it comes to entertaining, we will download dishes from famous chefs and 3D-print everything from gourmet meals to our favourite cakes in minutes.

Our working lives will be transformed with holograms allowing us to attend meetings virtually. Step-in-home medipods will confirm if you are really ill, providing a digital diagnosis and supplying medicine or a remote surgeon if needed.

The next giant leap will see Earth's solar century as we start colonising space. First the Moon, then Mars and then beyond – out into the galaxy.

Remember, these are just predictions for the century ahead but with technical and medical breakthroughs moving at pace and an ever-increasing life expectancy, you may not need to take my word for it. You might just be around to see it for yourselves.

From: Victoria Murphy, 15. 02. 2016, http://www.mirror.co.uk/tech/what-life-look-like-100-7372438

- Dr. Aderin-Pocock calls the period of change that we are in "the **age of the smarter home**".

  ✍ *Hinweis: "Today we are making the next giant stride – the age of the smarter home." (ll. 3/4)*

- In crowded cities more space will be created by building **deeper/earth-scrapers** and **higher/skyscrapers**.

  ✍ *Hinweis: "As city space becomes more squeezed, we will burrow deeper and build higher." (ll. 8/9); "Towering mega structures will dwarf today's sky-scrapers, while earthscrapers will tunnel 25 stories deep or more." (ll. 9/10)*

- To further enlarge the living space, **underwater cities** will no longer be a fantasy, they will probably happen.

  ✍ *Hinweis: "As city space becomes more squeezed [...] [u]nderwater cities are likely to become a reality using the water itself to create breathable atmospheres." (ll. 8–11)*

- One advantage of technology is that you will never **need to decorate** your room because your walls will automatically adapt to your mood.

  ✍ *Hinweis: "Flexible smart walls will mean you won't ever need to decorate. L.E.D. room surfaces will adapt to suit your mood." (ll. 17/18)*

- If you feel unwell, you will be able to gain a digital **diagnosis** without going to a doctor.

  ✍ *Hinweis: "Step-in-home medipods will confirm if you are really ill, providing a digital diagnosis and supplying medicine or a remote surgeon if needed." (ll. 22–24)*

- After this age has passed, the next one will involve **colonising space**.

  ✍ *Hinweis: "The next giant leap will see Earth's solar century as we start colonising space." (l. 25)*

- Because of the advances being made and an **(ever-)increasing life expectancy** some people today may witness these developments themselves.

  ✍ *Hinweis: "with technical and medical breakthroughs moving at pace and an ever-increasing life expectancy, [...][y]ou might just be around to see it for yourselves." (ll. 27–30)*

Part 2: Helicopter Parents

Transcript

T2

Helicopter Parents

Robert Guest *(reporter)*: Deborah Harrell, a South Carolina mother, left her 9-year-old daughter to play alone in a park. The girl had a cell phone and there were lots of other kids in the park, but her mum was jailed for endangering her.

Unknown voice: Police say Harrell's daughter told a witness that her mother would drop her off all the time to play at the park while Harrell was at work.

Robert Guest: This is sad. A generation ago it was perfectly normal to let children run around and play and explore outside without adult supervision. Now it's taboo. Yet, it's not like children are in any great danger these days: they're five times less likely to die before the age of five than a child in the supposedly golden age of the 1950s, and your chance of being kidnapped and murdered by a stranger is a miniscule 1 in 1.5 million.

(Background family noise)

Americans work harder at parenting than ever before. Labour saving devices like dishwashers and ready meals have freed up eight hours a week for the average couple – but slightly more than all of that extra time has been swallowed up by childcare. Many parents fret that unless they devote every spare waking moment to improving activities, their children will fail in life. They should relax a bit.

While studies show that some parents, mostly poor ones, don't read or talk to their children enough, most parents are doing just fine. And, there are diminishing returns to helicopter parenting. You might think that frenziedly driving your children from violin class to ballet class to extra Maths will help them get into the right university and the right job, but studies of identical twins suggest that genes have a bigger impact on academic and financial success than parenting does.

Identical twins do equally well in school whether they are raised together or in separate families. Studies have also found that kids adopted by high IQ families were no more intelligent than those adopted by average ones. Over-parenting probably doesn't harm children but it does exhaust adults.

So, if you're spending so much time hothousing your children that you feel constantly frazzled, you can afford to relax somewhat. Your children will see that you're happier and that'll probably make them happier.

From: Robert Guest, The Economist, 24. 07. 2014, https://www.youtube.com/watch?v=nc2z1LS8fT4

	true	false
a) It was not the first time that the girl had been left in the park.	✓	
b) American children never really had a lot of freedom alone.		✓
c) A child's environment today is no more dangerous than before.	✓	
d) In spite of technology parents have less time for themselves.	✓	
e) Only a minority of parents do not do enough for their children.	✓	
f) Home background contributes most to a child's success.		✓
g) Children would probably like to see parents taking it easy.	✓	

Hinweis zu a): "Police say Harrell's daughter told a witness that her mother would drop her off all the time to play at the park while Harrell was at work." (ll. 5/6)

Hinweis zu b): "A generation ago it was perfectly normal to let children run around and play and explore outside without adult supervision." (ll. 7/8)

Hinweis zu c): "Yet, it's not like children are in any great danger these days: they're five times less likely to die before the age of five than a child in the supposedly golden age of the 1950s, and your chance of being kidnapped and murdered by a stranger is a miniscule 1 in 1.5 million." (ll. 9–12) → The quotation shows that children are in less danger these days than they were in former times, which makes the statement correct.

Hinweis zu d): "Labour saving devices like dishwashers and ready meals have freed up eight hours a week for the average couple – but slightly more than all of that extra time has been swallowed up by childcare." (ll. 14–17)

Hinweis zu e): "While studies show that some parents, mostly poor ones, don't read or talk to their children enough, most parents are doing just fine." (ll. 20/21)

Hinweis zu f): "studies of identical twins suggest that genes have a bigger impact on academic and financial success than parenting does." (ll. 24–26)

Hinweis zu g): "So, if you're spending so much time hothousing your children that you feel constantly frazzled, you can afford to relax somewhat. Your children will see that you're happier and that'll probably make them happier." (ll. 31–33)

Part 3: Cycling in London

Transcript

T 3

Cycling in London

It's so busy here in London that's the only thing. It's another reason why I like doing it for my commute because I don't know if I'd have time otherwise really. Errm. With the work and then what needs to be done at the weekends or if people are visiting or if I'm visiting somewhere else, then you don't really get that much time to yourself either. So, doing it in my commute and being able to cycle to work and be by myself for a little bit on the bike as well, it's just quite pleasant. So, it's become the much better time for me to just cycle back in the evening and think about nothing – aside from just pedalling my bike. But, errm, yeah, I think about a lot of things.

I did loads of things when I was younger, like my mum was quite good at that, I did tap-dancing and tennis and karate – and all kinds of things. I don't think they were ever really career options. I've always been academic I've never been particularly musically gifted or anything like that or that great at sport.

So, I studied, err, French and Classical Studies: ancient literature, like Greek and Roman classics. After a while though as a humanities student, you get kind of tired of hearing people telling you that all your skills are transferrable. *(Background laugh)* You've got nothing actually useful but you can use them in anything you do, … right … brilliant.

Er, yeah, so when I was back here about … for my first six-month placement, – so just before Christmas last year and then met him here. So, yeah. Ha Tinder. Ha, ha, ha, yeah, ha. Is that an announcement I want everybody to know if they have watched the video? But yes …

It's quite nice since we've been down to London, I've got to be a bit more friendly with a lot of my partner's friends so that's quite nice. But in terms of what I do outside of that, yeah definitely. I think I need to join a club or something or really make an effort to go and meet people. […]

From: Sangeeta Grantham-Youngs, https://www.1000londoners.com/londoners/sangeeta-granthamyoungs/

a) Sangeeta uses her bike …

☑ to go to and from work every day.

Hinweis: "It's another reason why I like doing it for my commute […]. So, doing it in my commute and being able to cycle to work and be by myself for a little bit on the bike as well, […]. So, it's become the much better time for me to just cycle back in the evening" (ll. 1–8) → "to commute" means "to travel to and from work"

b) She likes cycling because …

☑ she can be alone for a while.

✎ *Hinweis: "With the work and then what needs to be done at the weekends or if people are visiting or if I'm visiting somewhere else, then you don't really get that much time to yourself either. So, […] being able to cycle to work and be by myself for a little bit on the bike as well, it's just quite pleasant." (ll. 3–7)*

c) As a child she …

☑ was quite active.

✎ *Hinweis: "I did loads of things when I was younger […] I did tap-dancing and tennis and karate – and all kinds of things." (ll. 10/11)*

d) Sangeeta describes herself as …

☑ studious.

✎ *Hinweis: "I've always been academic" (l. 12)*

e) What she learnt as a student was …

☑ not directly career-related.

✎ *Hinweis: "After a while though as a humanities student, you get kind of tired of hearing people telling you that all your skills are transferrable. […] You've got nothing actually useful but you can use them in anything you do" (ll. 15–18)*

f) In London, she …

☑ thinks she should try to be more sociable.

✎ *Hinweis: "I think I need to join a club or something or really make an effort to go and meet people." (ll. 25/26)*

■ Part 4: US Anti-Apartheid Movement Helped Bring Change to South Africa

Transcript T 4

US Anti-Apartheid Movement Helped Bring Change to South Africa

Reporter: Television news images of the violent struggles to end apartheid in South Africa captured the attention of Americans in the 1980s. They also galvanised support for the US anti-apartheid movement.

Ron Dellums: Challenging apartheid in South Africa became a logical next place to go.

Reporter: Former US congressman Ron Dellums was one of the leaders of the movement. He worked to expose the plight of South Africa's blacks along with the injustices carried out by the white minority government. Dellums introduced anti-apartheid legislation in Congress banning trade and investment in South Africa and also led many demonstrations in which ordinary people and many celebrities were arrested.

Dellums: It went out there to put themselves on the line to say, "Look, if South Africans could be beaten and jailed, the least we could do is go out there and ... and ... and experience some discomfort ourselves and be one with our sisters and brothers in the struggle to liberate them."

Reporter: Howard Dodson, director of the Howard University library, remembers protesting with his son outside the South African consulate in Atlanta.

Dodson: The anti-apartheid activities in the United States actually reverberated around the world leading other people to develop their own, you know, demonstration activities and – errm – that ... probably was as ... as critical to the overthrow of apartheid as anything else that was going on.

Reporter: Students also protested on university campuses calling on schools and corporations to get rid of their investments in South Africa. Nelson Mandela's granddaughter, Tukwini, says the US anti-apartheid movement and others helped turn international opinion decisively against the apartheid regime.

Tukwini: My grandfather and the Walter Sisulus of the world, this world, really appreciated that because they realised that without the support outside, – errm, – they wouldn't have been necessarily, ... been successful in dismantling apartheid.

(Background clapping and talking)

Reporter: In 1986, Congress approved a law imposing tough US economic sanctions against South Africa. President Ronald Regan opposed the measure and vetoed it but days later lawmakers overrode his veto. Former Republican senator, Richard Lugar, supported the sanctions.

Lugar: This led the South African government, I believe, to reconsider its policies; not immediately but – err – certainly under the dint of the difficult sanctions that were there. And it led – err – to the freedom for Nelson Mandela.

Reporter: Apartheid ended in 1994 and Nelson Mandela was elected South Africa's president. *(Cheers and music)* During a state visit to Washington, he thanked Americans for their support.

Mandela: You have no idea how your involvement in the anti-apartheid struggle in our country actually helped to facilitate the transformation.

Reporter: Ron Dellums says the greatest reward of his anti-apartheid work came during a meeting with Mr. Mandela.

Dellums: As he looked at me, a sort of a double take, and he said, "Ronald Dellums, we have heard much of you. You gave us hope, you kept us alive", and he hugged me and I broke down and cried. I would never forget that moment as long as I live.

Reporter: Dellums says there's no doubt that the determination and sacrifice by so many in the US anti-apartheid movement helped change the course of history in South Africa. Chris Simkins, VOA news, Washington.

(Singing)

From: Chris Simkins, VOA news, Washington; https://www.youtube.com/watch?v=uCzAme0vtHA

1. Ron Dellums	2. Howard Dobson	3. Tukwini	4. Richard Lugar	5. Nelson Mandela
B	D	E	F	A

✎ *Hinweis zu 1. B): "'Look, if South Africans could be beaten and jailed, the least we could do is go out there [...] and experience some discomfort ourselves and be one with our sisters and brothers in the struggle to liberate them.'" (ll. 12–15)*

✎ *Hinweis zu 2. D): "The anti-apartheid activities in the United States actually reverberated around the world leading other people to develop their own [...] demonstration activities" (ll. 18–20)*

✎ *Hinweis zu 3. E): "without the support outside [...] they wouldn't have been necessarily, ... been successful in dismantling apartheid." (ll. 27–29)*

✎ *Hinweis zu 4. F): "President Ronald Reagan opposed the measure and vetoed it [...]. Former Republican senator, Richard Lugar, supported the sanctions." (ll. 32–34)*

✎ *Hinweis zu 5. A): "he thanked Americans for their support." (ll. 39/40); "You have no idea how your involvement in the anti-apartheid struggle in our country actually helped to facilitate the transformation." (ll. 41/42); The meeting between Nelson Mandela and Ron Dellums, which the latter describes in lines 45 to 47, is another example of Mandela personally thanking an anti-apartheid fighter.*

Part 1: Driverless Cars

T 5

Three people are talking about the trials of driverless cars in Milton Keynes and in Greenwich, London.

- Before listening, read the tasks carefully.
- Then listen to the recording. While listening, do the following tasks.
- Listen to the recording again and finalise your answers.

Task 1 **Complete the table with information about the Lutz Pathfinder pod.**

The topology picture of Milton Keynes is created using …	
Distance from objects is measured by …	
Future driverless vehicles will not have …	• •
Inside iPads will be used for …	• planning your journey •

Task 2 **True or false? Tick (✓) the correct box.**

The developers worry about the safety aspect of driverless cars.

☐ true
☐ false

Task 3 **Complete the sentence about how driverless vehicles can help to reduce the number of cars used.**

Where the vehicle might be very successful is by connecting ______________________ ______________ to a local underground station.

Tick (✓) one box. **Task 4**

What is the next step that should be taken in research according to the experts?

- ☐ Heathrow airport should be equipped with driverless pods.
- ☐ The pods should be used among traffic.
- ☐ The users' preferences should be considered.
- ☐ The driverless cars should be made more environmentally friendly.

Tick (✓) one box. **Task 5**

A personal driverless vehicle will not be available until …

- ☐ the spring.
- ☐ technology has advanced more.
- ☐ the end of the decade.

Part 2: Immigrants Benefit New York City's Economy

T 6

The recording concerns immigrants in New York City and how the city profits from them.

- Before listening, read the tasks carefully.
- Then listen to the recording. While listening, tick (✓) the correct answer or complete the gap using key words or phrases from the commentary.
- Listen to the recording again and finalise your answers.

Task 1 Complete the table using words, numbers or a mixture of both.

The percentage of immigrants in New York City:	___________ of NYC's population
This percentage in actual numbers:	
A city created only of New York immigrants would become America's ______ largest.	

Task 2

Tick (✓) one box.

The AS/COA sponsored research report on immigration showed that …

- ☐ immigration would continue to rise.
- ☐ common beliefs about immigrants were wrong.
- ☐ the quality of life was falling in New York.
- ☐ many neighbourhoods were dangerous.

Task 3

Are the following statements true or false?
Tick (✓) the correct box.

	true	false
a) Poor areas attract immigrants.	☐	☐
b) Immigrants frequently improve areas of New York.	☐	☐
c) Immigrants tend to have short-term goals when coming to America.	☐	☐
d) People born in America are usually not picky when it comes to employment opportunities.	☐	☐
e) Only badly paid work is available for immigrants.	☐	☐

Task 4

Complete the following sentence about illegal immigrants' usual jobs. Name <u>one</u> example.

Illegal immigrants often find work as

____________________________________.

Task 5

Complete the following sentence with the <u>two</u> examples mentioned in the text.

Undocumented immigrants contribute to NYC's revenue through ____________________

and ______________________________.

Part 3: The First Woman Beefeater

T7

Yeoman Warders, also called "Beefeaters", are the ceremonial guardians of the Tower of London.
You are going to listen to Moira Cameron, the first woman Beefeater, talking about her role and how she became a Yeoman Warder.

- Before listening, read the tasks carefully.
- Then listen to the recording. While listening, tick (✓) the correct answer or complete the gap using key words or phrases from the commentary.
- Listen to the recording again and finalise your answers.

Task 1 **Answer the question with words from the recording.**

What name do the Beefeaters give to the visitors at the Tower of London?

____

Task 2 **Fill in the missing information to answer the following question.**

What "qualifications" must someone have before they can apply to be a Beefeater?

a) ______________ in the armed forces

b) Long service and good conduct medal

c) ______________ Warrant Officer, Class 2

Task 3

Are the statements true or false?
Tick (✓) the correct box.

	true	false
a) A soldier told Moira that women could also become Beefeaters.	☐	☐
b) She had worked for the armed forces in London once before.	☐	☐
c) Moira doesn't know yet where she will be posted after working as a Beefeater.	☐	☐
d) Not all the buildings in the Tower are for the public.	☐	☐
e) There is a feeling of community amongst the Beefeaters and their families.	☐	☐

Task 4

Tick (✓) one box.

How does Moira Cameron feel about her work?

- ☐ She finds having EIIR on the uniform a little ironic.
- ☐ She thinks tourists appreciate her more than the Tower itself.
- ☐ She gets a lot of satisfaction from what she does.
- ☐ At the end of the day she is often glad to get warm.

Key

Part 1: Driverless Cars

Transcript

T5

Driverless Cars

Gwyn Topham: Driverless cars are coming to the streets of Britain or at least to the pavements of Milton Keynes. This is one of three public trials of autonomous vehicles as developers start to turn their prototypes into the driverless cars of the future.

Jez Coates: So, this is the Lutz Pathfinder pod. It's equipped with 21 different sensors to allow it to build a three-dimensional picture of the topology of Milton Keynes. This is a laser radar, which can tell you very accurately how far you are away from something. Because we're right at the start of the research and development project, the vehicle is equipped with a steering wheel and foot controls: a brake and an accelerator. Eventually these parts will disappear. Ultimately all you'll see inside the pod are two iPads, one of which will be used for planning your journey – the pod will automatically take you there. The second iPad will be there for your pleasure.

Gwyn Topham: A different kind of autonomous vehicle will be tested on a designated route in Greenwich, London.

Nick Reed: Automated transport can improve the safety and efficiency of urban mobility. I think … I think they'll play an important part in improving the environment in complicated urban landscapes.

Gwyn Topham: Do you think people here in Greenwich will be hopping on these in the future? Or after these trials have gone, are we gonna see these vehicles still here?

Nick Reed: We can look to see where it'll work most effectively. Where do people want to get on and off? The route we're on now is … is going to a residential area. So maybe joining up residential areas to the Tube station would mean people are less likely to take their cars and more likely to use public transport, which is better for the city of London.

Gwyn Topham: Is this the next step on the road?

Nick Reed: I think this is on the spectrum where we've already had the Heathrow pods and we've seen the developments of the pods in Milton Keynes and I think the shuttles is another step along that development where we're looking at fully automated vehicles in more complicated environments. What we need to understand is how people choose to use it and what services they like and … and the way it's accepted into the overall transport picture.

Automated voice: Please select your destination.

Gwyn Topham: These prototypes will start their trial journeys in the spring, although people hoping to get their own driverless car to take them A to B must wait a little longer. That kind of technology, according to one developer, could be 10 years off.

From: Gwyn Topham / Jez Coates, 11. 02. 2015, https://www.theguardian.com/uk-news/video/2015/feb/11/driverless-cars-video. Copyright Guardian News & Media Ltd 2018

Task 1

The topology picture of Milton Keynes is created using …	**(21) sensors**
Distance from objects is measured by …	**laser radar**
Future driverless vehicles will not have …	• **a steering wheel** • **foot controls / brake and accelerator**
Inside iPads will be used for …	• planning your journey • **(your) pleasure**

✍ *Hinweise:*

- *"It's equipped with 21 different sensors to allow it to build a three-dimensional picture of the topology of Milton Keynes." (ll. 5–7)*
- *"This is a laser radar, which can tell you very accurately how far you are away from something." (ll. 7/8)*
- *"the vehicle is equipped with a steering wheel and foot controls: a brake and an accelerator. Eventually these parts will disappear." (ll. 9–11)*
- *"Ultimately all you'll see inside the pod are two iPads, one of which will be used for planning your journey […]. The second iPad will be there for your pleasure." (ll. 11–13)*

Task 2

The developers worry about the safety aspect of driverless cars.

☑ false

✍ *Hinweis: "Automated transport can improve the safety and efficiency of urban mobility." (ll. 16/17) → This means that driverless cars promise to be safer than normal cars, so the statement is false: there seems to be no need to be worried about safety issues.*

Task 3

Where the vehicle might be very successful is by connecting **residential areas** to a local underground station.

Hinweis: "So maybe joining up residential areas to the Tube station would mean people are less likely to take their cars and more likely to use public transport, which is better for the city of London." (ll. 24–26)

Task 4 What is the next step that should be taken in research according to the experts?

☑ The users' preferences should be considered.

Hinweis: "What we need to understand is how people choose to use it and what services they like and … and the way it's accepted into the overall transport picture." (ll. 32–34)

Task 5 A personal driverless vehicle will not be available until …

☑ technology has advanced more.

Hinweis: "people hoping to get their own driverless car […] must wait a little longer. That kind of technology, according to one developer, could be 10 years off." (ll. 37–39) → This means the technology is not yet available and therefore needs to advance more. While Gwyn Topham says that it could take 10 years until the personal driverless car is on the market, this does not mean the same as "the end of the decade", which could be less than 10 years off, depending on which year of the decade it currently is.

Part 2: Immigrants Benefit New York City's Economy

Transcript

T6

Immigrants Benefit New York City's Economy

Adam Phillips: Immigrants like those at this New York rally are an increasingly potent economic force. According to the mayor's office, immigrants make up more than 40 % of the city's population. Taken together those three million people would constitute the third largest city in America, says immigration commissioner, Nisha Agarwal.

Nisha Agarwal: So we are an immigrant-rich city and immigrants are in our schools, they are driving our economy, they are, you know, working hard at all levels and in all professions – and we need to support that because it not only benefits the families that are involved but it benefits the city as a whole.

Adam Phillips: An independent research report sponsored by the Americas Society/Council of the Americas, or AS/COA, contradicts a common perception that links immigrants with poverty and crime. The study examined rising immigration statistics and neighbourhood police reports between 1990 and 2010. New York City's economy and quality of life improved greatly during that period, especially in declining neighbourhoods. The report author, Jacob Vigdor, found a link.

Jacob Vigdor: The immigrants go to these neighbourhoods because they're the only places they can afford and they stabilise those neighbourhoods. They reduce the vacancy rates, they reduce the state of disrepair and these are the things that – kind of – lead to crime dropping.

Adam Phillips: Immigrants who make the leap of faith to come to America are often less likely to commit crimes and more likely to work hard, says Harvard University Social Policy professor Robert Sampson.

Robert Sampson: So why would you come to this country? Why do you want to work? You want to get ahead; you want to raise a family; you want to build essentially a community.

Adam Phillips: Immigrant entrepreneurship also helps drive the city's growth and immigrants often perform the necessary jobs native-born Americans don't want, says AS/COA policy manager, Kate Brick.

Kate Brick: Like in the agricultural sector, the manufacturing sector, the service industry – it runs the gamut. And at the same time though, I mean, immigrants coming to the United States are extremely diverse. In addition to people that are working in, you know, lower paying jobs, you have some of the best minds in the world that come here that are working in the tech industry and engineering and science, … in the medical field.

Adam Phillips: Even undocumented immigrants who work as street vendors and nannies, for example, help pay their way, says Jacob Vigdor.

Jacob Vigdor: You need to buy things and when you buy things, you pay sales taxes. Sales taxes are pretty substantial in New York. You need to live some place. Whether you own a place or rent a place, there are property taxes on that dwelling. And property taxes and sales taxes are major sources of revenue for any kind of municipal government.

Adam Phillips: The Americas Society/Council of the Americas is using its study on immigrants and the New York economy to help other US cities to welcome immigrants in ways that will benefit foreign-born and native-born alike. Adam Phillips, VOA news, New York.

From: VOA News, 23. 04. 2014, https://www.youtube.com/watch?v=7NtfM9PdkKcTask 1

Task 1

The percentage of immigrants in New York City:	**over 40 % / more than 40 %** of NYC's population
This percentage in actual numbers:	**3 million (people)**
A city created only of New York immigrants would become America's _______ largest.	**3rd / third**

Hinweise:

- *"immigrants make up more than 40 % of the city's population." (ll. 2/3)*
- *„Taken together those three million people" (ll. 3/4)*
- *"Taken together those three million people would constitute the third largest city in America" (ll. 3/4)*

Task 2 The AS/COA sponsored research report on immigration showed that …

☑ common beliefs about immigrants were wrong.

Hinweis: "An independent research report […] contradicts a common perception that links immigrants with poverty and crime." (ll. 10–12)

Task 3

	true	false
a) Poor areas attract immigrants.	☑	☐
b) Immigrants frequently improve areas of New York.	☑	☐
c) Immigrants tend to have short-term goals when coming to America.	☐	☑
d) People born in America are usually not picky when it comes to employment opportunities.	☐	☑
e) Only badly paid work is available for immigrants.	☐	☑

Hinweis zu a): "The immigrants go to these neighbourhoods because they are the only places they can afford" (ll. 17/18)

Hinweis zu b): "they stabilise those neighbourhoods. They reduce the vacancy rates, they reduce the state of disrepair and these are the things that – kind of – lead to crime dropping." (ll. 18–20)

Hinweis zu c): "So why would you come to this country? Why do you want to work? You want to get ahead; you want to raise a family; you want to build essentially a community." (ll. 24–26) → The goals mentioned are clearly long-term goals.

✎ *Hinweis zu d): "immigrants often perform the necessary jobs native-born Americans don't want" (ll. 28/29)*

✎ *Hinweis zu e): "In addition to people that are working in [. . .] lower paying jobs, you have some of the best minds in the world that come here that are working in the tech industry and engineering and science, . . . in the medical field." (ll. 32–35)*

Task 4

Illegal immigrants often find work as **street vendors / nannies**.

✎ *Hinweis: „Even undocumented immigrants who work as street vendors and nannies, for example" (ll. 36/37)*

Task 5

Undocumented immigrants contribute to NYC's revenue through **sales taxes** and **property taxes**.

✎ *Hinweis: "You need to buy things and when you buy things, you pay sales taxes. [. . .] Whether you own a place or rent a place, there are property taxes on that dwelling. And property taxes and sales taxes are major sources of revenue for any kind of municipal government." (ll. 38–42)*

Part 3: The First Woman Beefeater

Transcript

T 7

The First Woman Beefeater

I'm a Yeoman Warder or Beefeater at the Tower of London. We look after it and we look after our daily prisoners as we like to call them.

So, we're all retired military personnel. We've done a minimum of 22 years in Her Majesty's armed forces; in the army, the navy or the air force. We have to have our long service and good conduct medal – that one there. And we also have to have . . . be the rank of Warrant Officer, Class 2 and then we can apply for the job. So, it's a 22-years build up to just applying for this job.

(Background talking)

I am the only female Beefeater at the Tower of London: I was also the first one. *(Laughs)* This is one that I use when I do my talks: "I'm not the only bird at the Tower."

(Background talking: It's raining a bit.)

It wasn't until my sec . . . my last year that there was an article in the *Soldier Magazine* and it said that it wasn't just a job for the boys. So, I applied for it 'cause I just thought it would be a really interesting job.

(Background talking: Thank you . . . Thank you very much.)

I never had a posting in London. I always tried 'cause London is ... is one of the places that everybody wanted to go. So, this was my final posting. What a place to live and work.
(*Background talking:* Enjoy it? – Yes, we did.)
We look after the security on the ground. And because we have about 45 families that live at the Tower, we have to make sure that people don't go wandering into other people's houses and we make sure that, you know, people are respecting the Tower as well 'cause it is still a Royal Palace.

You get a real sense of security in here, which is something that I've been used to for the last 26 years now. Everybody knows each other and like ... it's like a village mentality really. You know, people can walk out and leave the doors unlocked and knowing that nobody is going to go in. A child that was interviewed here one time said I don't just have one set of parents, I have ... what at that time ... I think it was 40.

So, this is the tunic for my State uniform and on the front, we still have the EIIR. To be able to work at the Tower of London and wear this uniform ... it's an iconic sight. We're an iconic sight. We're a tourist attraction in our own right. It's the sense of pride that you get to continue to be able to serve Her Majesty as well. After 22 years loyal service, you carry on here as well. So, it's ... there's a real good, warm feeling about the whole situation.

From: Moira Cameron, https://www.1000londoners.com/londoners/moira/

Task 1 What name do the Beefeaters give to the visitors at the Tower of London?
daily prisoners

Hinweis: "We look after it and we look after our daily prisoners as we like to call them." (ll. 1/2)

Task 2 What "qualifications" must someone have before they can apply to be a Beefeater?

a) **(a minimum of) 22 years** in the armed forces
b) Long service and good conduct medal
c) **(the) rank of** Warrant Officer, Class 2

Hinweis zu a): "We've done a minimum of 22 years in Her Majesty's armed forces" (ll. 3/4)

Hinweis zu c): "And we also have to [...] be the rank of Warrant Officer, Class 2 and then we can apply for the job. (ll. 5–7)

Task 3

	true	false
a) A soldier told Moira that women could also become Beefeaters.	☐	☑
b) She had worked for the armed forces in London once before.	☐	☑
c) Moira doesn't know yet where she will be posted after working as a Beefeater.	☐	☑
d) Not all the buildings in the Tower are for the public.	☑	☐
e) There is a feeling of community amongst the Beefeaters and their families.	☑	☐

Hinweis zu a): "there was an article in the Soldier Magazine *and it said that it wasn't just a job for the boys." (ll. 13/14) → Therefore, it wasn't a soldier who told her, instead she read about the job.*

Hinweis zu b): "I never had a posting in London." (l. 17)

Hinweis zu c): "So, this was my final posting." (l. 18) → Moira will not be posted anywhere after working at the Tower.

Hinweis zu d): "And because we have about 45 families that live at the Tower, we have to make sure that people don't go wandering into other people's houses" (ll. 21–23)

Hinweis zu e): "Everybody knows each other and like … it's like a village mentality really. You know, people can walk out and leave the doors unlocked and knowing that nobody is going to go in. A child that was interviewed here one time said I don't just have one set of parents, I have … what at that time … I think it was 40." (ll. 26–30)

Task 4

How does Moira Cameron feel about her work?

☑ She gets a lot of satisfaction from what she does.

Hinweis: "It's the sense of pride that you get to continue to be able to serve Her Majesty as well. After 22 years loyal service, you carry on here as well. So, it's … there's a real good, warm feeling about the whole situation." (ll. 34–36)

Part 1: Native Americans' Crowded Accommodations

T 8

With little housing growth, Native American families live in close quarters. You will hear a report concerning the housing problem a Native American tribe, the Northern Arapaho, have.

- Before listening, read the tasks carefully.
- Then listen to the recording and do the tasks.
- Listen to the recording again and finalise your answers.
- Note: Some of the tasks do not follow the chronological order of the text. So, you will have to pay special attention to find the relevant passages.

Task 1 **Tick (✓) the correct sentence endings. There is only one correct ending for each statement.**

a) Kenneth Shakespeare …

- ☐ does not have his own room.
- ☐ was born during a baby boom period.
- ☐ no longer lives on the reservation.
- ☐ needs his family to look after him.

b) Taya Dixey's family do not move into their trailer because …

- ☐ they want to stay close to Kenneth Shakespeare.
- ☐ they want to stay on the waiting list for low-cost tribal housing.
- ☐ of their financial situation.
- ☐ it is against their cultural values to live in a trailer.

c) The traditional lifestyle of the Arapaho is …

- ☐ slowly dying out.
- ☐ under increasing pressure.
- ☐ adaptive to modern circumstances.
- ☐ closely connected to nature.

Complete the table with information on the Native Americans' situation. **Task 2**

Number of people who usually stay with Kenneth Shakespeare:	
Number of homes that are additionally required:	
The two reasons why the money allocated for Native Americans' housing is not sufficient:	• •
Percentage of Northern Arapaho that are classed as homeless:	

Are the following statements true or false? **Task 3**
Tick (✓) the correct box.

	true	false
a) Poor health is associated with the housing crisis.	☐	☐
b) Children are particularly affected by the housing crisis.	☐	☐
c) Teachers become exhausted due to the situation.	☐	☐
d) Family members need their own homes.	☐	☐
e) Tribal ways are important for the Arapaho.	☐	☐

Part 2: The Millennials

T 9

Motivational speaker Simon Sinek is talking about the so-called Millennial generation and the problems they often face.

- Before listening, read the tasks carefully.
- Then listen to the recording. While listening, do the following tasks.
- Listen to the recording again and finalise your answers.

Task 1 **Fill in the correct date.**

A Millennial is someone born around ____________________ and later.

Task 2 **Give any three of the five adjectives used to criticise the Millennials.**

- ____________________
- ____________________
- ____________________

Task 3 **Tick (✓) the one correct statement.**

According to Simon Sinek, Millennials …

- ☐ attach great importance to having job titles.
- ☐ are easily satisfied.
- ☐ have a casual approach to work.
- ☐ remain dissatisfied even when all their demands are met.

Task 4 **Tick (✓) the correct sentence ending.**

Simon Sinek talks about "failed parenting strategies". These imply that parents …

- ☐ give their children an unrealistic view of what the world is like.
- ☐ put a lot of pressure to succeed on their children.
- ☐ do not praise their children enough.
- ☐ spend a lot of money to fulfil their offspring's every wish.

Task 5

Are the following statements true or false?
Tick (✓) the correct box.

	true	false
a) Parents often put pressure on schools.	☐	☐
b) Unfair grades are given to some pupils.	☐	☐
c) Some children get awards for just taking part.	☐	☐
d) Every reward motivates.	☐	☐

Task 6

Complete the gaps with words from the recording.

Due to failed parenting strategies, many Millennials face problems when confronted with the ____________________ and their opinion of themselves is suddenly ____________________.

In addition, social media gives the impression that everyone is having ____________________ lives.

Consequently, Millennials have a much ____________________ than any other generation and it is not their ____________________.

Key

Part 1: Native Americans' Crowded Accommodations

Transcript

T 8

Native Americans' Crowded Accommodations

Kelly McEvers *(host)*: Many Native American reservations are experiencing a baby boom, and thanks to better healthcare, elders are living longer. But housing has not kept pace, and that has led to overcrowding. As Wyoming Public Radio's Melodie Edwards reports, it's a problem for the Northern Arapaho on the Wind River Indian Reservation.

Melodie Edwards *(byline)*: Northern Arapaho elder Kenneth Shakespeare raised seven children in this house with its view of mountains and hayfields. But now he has dementia, and it's his kids' turn to take care of him. His daughter Lynell gives me a tour of the four-bedroom two-bath home she grew up in.

Lynell Shakespeare: Yeah, so that's this room. This is his.

Melodie Edwards: Over here, and then is there somebody's …

Lynell Shakespeare: My sister will stay every now and then and that's where she sleeps with her grandkids.

Melodie Edwards: Plus, three of her adult children live here with their own families. To be clear, at any given time, between 10 and 13 people live with Kenneth Shakespeare.

Taya Dixey: I sleep in with my mom and dad where they're in that room with that bunk bed and stuff.

Melodie Edwards: That's Lynell's 8-year-old granddaughter, Taya Dixey. Lynell says it would be nice if Taya's family could move into a trailer now sitting on the property but says that means paying $ 6,000 to install electricity, money they don't have. One of her daughters is on the waiting list for low-cost tribal housing but has been waiting for two years. Lynell says, anyway, the family prefers to live together and take care of their elder.

Lynell Shakespeare: We don't want to go to housing. We can stack up here.

Patrick Goggles: That's not uncommon. We find that a cultural value that enhances our family life.

Melodie Edwards: That's Northern Arapaho Tribal Housing Director Patrick Goggles. He says a high birth rate has led to a population explosion, and that traditional lifestyle is now strained. He says the tribe has 11,000 people, but if they want to stay with family on the reservation, they have to cram into one of only 230 homes.

Patrick Goggles: In the business I'm in, you never have all the funds or resources you need.

Melodie Edwards: Goggles says they need to build 600 more, and he says he has to use the funds he has just to keep that limited housing livable. Heidi Frechette works for the Housing and Urban Development's Native American Program. She says Congress hasn't made sure funding has kept up with inflation over the years or with growing tribes.

Heidi Frechette: We're finding that folks are using more and more of their funds to rehab or repair existing homes and have less buying power and ability to construct new homes.

Melodie Edwards: Over 55 percent of the Northern Arapaho tribe can now be categorized as homeless because they're couchsurfing. Tribal administrator Vonda Wells says that kind of overcrowding hurts families.

Vonda Wells: People get stressed and they – things happen. They start, you know – violence happens.

Melodie Edwards: And she says with more domestic violence comes chronic illness, diabetes, heart disease, depression, and she says it's especially hard on kids. She tells of one boy she knows who sleeps on a bench.

Vonda Wells: Your body is sore and then sending this child to school and then him, you know, trying to learn, trying to think about what his teacher's telling him. And he's exhausted.

Melodie Edwards: So tribal leaders have been brainstorming ways to eliminate overcrowding without giving up on multigenerational living – homes to accommodate extended families with lots of bedrooms and bathrooms and big living rooms for hosting ceremonies. For the Shakespeare family, a roomy kitchen would be great today.

Lynell Shakespeare: Oh, is this the elk meat, Jojo?

Melodie Edwards: The family has gathered to cut and dry an elk they got on a recent hunting trip. They say until more homes are built, they'll keep living a traditional lifestyle even if it is crowded. For NPR News, I'm Melodie Edwards on Wyoming's Wind River Reservation.

Task 1 a) Kenneth Shakespeare …

☑ needs his family to look after him.

✎ *Hinweis: "But now he has dementia, and it's his kids' turn to take care of him." (ll. 7/8)*

b) Taya Dixey's family do not move into their trailer because …

☑ of their financial situation.

✎ *Hinweis: "Lynell says it would be nice if Taya's family could move into a trailer now sitting on the property but says that means paying $ 6,000 to install electricity, money they don't have." (ll. 19–22)*

c) The traditional lifestyle of the Arapaho is …

☑ under increasing pressure.

✎ *Hinweis: "traditional lifestyle is now strained." (l. 30)*

Task 2

Number of people who usually stay with Kenneth Shakespeare:	**10–13**
Number of homes that are additionally required:	**600**
The two reasons why the money allocated for Native Americans' housing is not sufficient:	• **inflation** • **growing tribes / population explosion / high birth rate**
Percentage of Northern Arapaho that are classed as homeless:	**over 55 %**

✎ *Hinweise:*

- *"To be clear, at any given time, between 10 and 13 people live with Kenneth Shakespeare." (ll. 15/16)*
- *"they need to build 600 more" (l. 35)*
- *"Congress hasn't made sure funding has kept up with inflation over the years or with growing tribes." (ll. 38/39)*
- *"Over 55 percent of the Northern Arapaho tribe can now be categorized as homeless because they're couchsurfing." (ll. 43/44)*

Task 3

	true	false
a) Poor health is associated with the housing crisis.	✓	
b) Children are particularly affected by the housing crisis.	✓	
c) Teachers become exhausted due to the situation.		✓
d) Family members need their own homes.		✓
e) Tribal ways are important for the Arapaho.	✓	

✎ *Hinweis zu a): "overcrowding hurts families. [...] People get stressed and [...] violence happens. [...] with more domestic violence comes chronic illness, diabetes, heart disease, depression" (l. 45–49) → In other words, poor health is associated with domestic violence, which is in turn related to overcrowding.*

✎ *Hinweis zu b): "it's especially hard on kids. She tells of one boy she knows who sleeps on a bench." (l. 49/50)*

✎ *Hinweis zu c): "Your body is sore and then sending this child to school and then him, you know, trying to learn, trying to think about what his teacher's telling him. And he's exhausted." (ll. 51–53) → It is the boy who sleeps on a bench (cf. l. 50) who is exhausted, not the teacher.*

✎ *Hinweis zu d): "So tribal leaders have been brainstorming ways to eliminate overcrowding without giving up on multigenerational living – homes to accommodate extended families with lots of bedrooms and bathrooms and big living rooms for hosting ceremonies." (ll. 54–57) → Family members traditionally live together and they do not want to change that. What they need is more space, not their own homes.*

✎ *Hinweis zu e): "the family prefers to live together and take care of their elder." (ll. 23/24); "We find that a cultural value that enhances our family life." (ll. 26/27); „without giving up on multigenerational living" (l. 55); "They say until more homes are built, they'll keep living a traditional lifestyle even if it is crowded." (ll. 61/62) → All the quotes show that a traditional lifestyle is very important for the Arapaho and they tend to pursue it despite difficult housing conditions.*

Transcript

Part 2: The Millennials

T9

The Millennials

Simon Sinek: I have yet to give a speech or have a meeting where somebody doesn't ask me the millennial question.

Interviewer: What's the millennial question?

Simon Sinek: Apparently, Millennials as a generation, which is a group of people who were born approximately 1984 and after, are tough to manage, and they're accused of being entitled and narcissistic, self-interested, unfocused, lazy. But entitled is the big one. And because they confound leadership so much, what's happening is leaders are asking the Millennials, "What do you want?" And Millennials are saying, "We want to work in a place with purpose" – love that; "We want to make an 'impact'", you know – whatever that means; "We want free food and bean bags". And so somebody articulates some sort of purpose, there's lots of free food and there's bean bags. And yet, for some reason, they're still not happy. And that's because … they're missing … there's a missing piece.

What I've learned is that there …, I can break it down into four pieces – right – there are four things, four characteristics. One is parenting, the other one is technology, the third is impatience and the fourth is environment. The generation that we call the Millennials – too many of them grew up … subject to – not my words – "failed parenting strategies": you know, where, for example, they were told that they were special – all the time. They were told that they can have anything they want in life just 'cause they want it – right? They were told …, some of them got into honours classes not because they deserved it but because their parents complained and some of them got As, not because they earned them but because the teachers didn't want to deal with the parents. Some kids got participation medals. They got a medal for coming in last – right? Which, the science we know is pretty clear, which is it devalues the medal and the reward for those who actually work hard and that actually makes the person who comes in last feel embarrassed because they know they didn't deserve it – so, it actually makes them feel worse – right?

So, you take this group of people in the graduate school and they get a job and they're thrust into the real world and in an instant, they find out they're not special, their mums can't get them a promotion, that you get nothing for coming in last – and by the way, you can't just have it 'cause you want it – right? And in an instant, their entire self-image is shattered and so you have an entire generation that's growing up with lower self-esteem than previous generations.

The other problem to compound it is we're growing up in a Facebook, Instagram world; in other words, we're good at putting filters on things. We're good at showing people that life is amazing even though I'm depressed – right? And so, everybody sounds tough and everybody sounds like they got it all figured out and the reality is there's very little toughness and most people don't have it figured out. And so, when the more senior people say, "Well, what should we do?", they sound like, "This is what you've got to do," – and they have no clue, right? So, you have an entire generation growing up with lower self-esteem than previous generations – right? Through no fault of their own, through no fault of their own, right? They were dealt a bad hand – right?

From: Simon Sinek, Tom Bilyeu / Quest Nutrition, 30. 12. 2016, https://www.youtube.com/watch?v=vudaAYx2IcE

Task 1

A Millennial is someone born around **1984** and later.

✎ *Hinweis: "Millennials [. . .] were born approximately 1984 and after" (ll. 4/5)*

Task 2

any 3 out of:

- **entitled**
- **narcissistic**
- **self-interested**
- **unfocused**
- **lazy**

✎ *Hinweis: "they're accused of being entitled and narcissistic, self-interested, unfocused, lazy." (ll. 6/7)*

Task 3

According to Simon Sinek, Millennials . . .

☑ remain dissatisfied even when all their demands are met.

✎ *Hinweis: "Millennials are saying, 'We want to work in a place with purpose' – love that; 'We want to make an "impact"', you know – whatever that means; 'We want free food and bean bags'. And so somebody articulates some sort of purpose, there's lots of free food and there's bean bags. And yet, for some reason, they're still not happy. And that's because . . . they're missing . . . there's a missing piece." (ll. 9–14)*

Task 4 Simon Sinek talks about "failed parenting strategies". These imply that parents ...

☑ give their children an unrealistic view of what the world is like.

Hinweis: "they were told that they were special – all the time. They were told that they can have anything they want in life just 'cause they want it" (ll. 20/21) → Later in the text, it is mentioned that "[in] the real world [...] they find out they're not special, their mums can't get them a promotion, that you get nothing for coming in last – and by the way, you can't just have it 'cause you want it" (ll. 31–33).

Task 5

	true	false
a) Parents often put pressure on schools.	☑	☐
b) Unfair grades are given to some pupils.	☑	☐
c) Some children get awards for just taking part.	☑	☐
d) Every reward motivates.	☐	☑

Hinweis zu a): "some of them got into honours classes not because they deserved it but because their parents complained and some of them got As, not because they earned them but because the teachers didn't want to deal with the parents." (ll. 22–25)

Hinweis zu b): "some of them got As, not because they earned them but because the teachers didn't want to deal with the parents." (ll. 23–25)

Hinweis zu c): "Some kids got participation medals. They got a medal for coming in last" (ll. 25/26)

Hinweis zu d): "it devalues the medal and the reward for those who actually work hard and that actually makes the person who comes in last feel embarrassed because they know they didn't deserve it – so, it actually makes them feel worse" (ll. 26–29)

Task 6 Due to failed parenting strategies, many Millennials face problems when confronted with the **real world** and their opinion of themselves is suddenly **shattered**.
In addition, social media gives the impression that everyone is having **amazing** lives.
Consequently, Millennials have a much **lower self-esteem** than any other generation and it is not their **fault**.

Hinweise:

- *"So, you take this group [. . .] and they're thrust into the real world"* (ll. 30/31)
- *"And in an instant, their entire self-image is shattered"* (l. 34)
- *"we're growing up in a Facebook, Instagram world; in other words, we're good at putting filters on things. We're good at showing people that life is amazing even though I'm depressed"* (ll. 37–39)
- *"so you have an entire generation that's growing up with lower self-esteem than previous generations."* (ll. 34–36); *"So, you have an entire generation growing up with lower self-esteem than previous generations"* (ll. 44/45)
- *„Through no fault of their own, through no fault of their own"* (ll. 45/46)

Generation Overworked

Read the text on young people's approach to work, then complete the mixed exercises.

Text

Are Young People Working too Hard?

Flying in the face of the "lazy and entitled" stereotype, a new survey suggests 16- to 24-year-olds are putting in more hours at work than any other age group.

[…] The survey, which questioned more than 1,000 UK office workers on how much overtime they do, found that on average 16- to 24-year-olds clock up an extra seven hours and 22 minutes each week, two hours more than office staff aged over 55. The results also show that 11 % of 16- to 24-year-olds work more than 20 hours overtime each week.

"Younger people get a bad press, with many misconceptions about them being workshy with a sense of entitlement," says Ciaron Dunne, chief executive of Office Genie, which commissioned the survey. "Teens and those in their early to mid-twenties have plenty of get up and go and determination to put in the hours."

Bev White, managing director of people management business Penna Consulting, is not surprised by the survey results, calling this age group the "always on" generation – they are constantly connected to work through their smartphones and digital devices. "In general it's more competitive for young people to get jobs. People are trying to prove themselves because of that 'always on' mentality," she says. "That generation more than any other is the most [digitally] connected."

With employment opportunities for young people still thin on the ground, employees might be tempted to make themselves available 24/7, but this is not necessarily good for business. "In order for us to be productive in our free time, not just in our working lives, we need to have time off," White says. "It makes good business sense if you have mentally and physically healthier people working in your organisation."

Proponents of a shorter working week point out that extra desk time doesn't necessarily translate to better productivity. According to a Stanford University study, productivity typically drops after 50 hours of work – someone who works 70 hours achieves no more than someone who works 55.

Having a more flexible approach to working hours might help achieve a better work-life balance, says Ingrid Waterfield, a director in KPMG's People Powered Performance team, which addresses clients' workforce issues.

"It is important for managers to be given the right training and understanding of what their teams need to achieve across a long-term period. It might be that for certain periods of time they do have to work longer hours, but they need to ensure that individuals have time off," she says.

This more agile approach could help, especially as "work-life balance is important to this age group", says Waterfield. According to research by Penna, nearly one in three 18- to 24-year-olds said achieving a work-life balance was their long-term ambition. "It is one of the things they consider as key when they look at the work they are going to pursue and who they are going to work for," she says.

Young people are likely to feel more pressure to impress, but encouraging your team to take mini breaks throughout the day is one way of making sure they don't become too tied to their desks. "When you are starting a role and wanting to prove yourself, you are willing to put in the hours," says Waterfield.

However the world of work is changing, with the younger generation "very comfortable slipping between private and work life throughout their day", White says. "They have their mobile smartphones and iPads, and they can work anywhere."

While this makes it difficult for businesses to accurately measure how much overtime employees are working, it doesn't mean they shouldn't take steps to ensure they have a happy, healthy workforce.

Smaller businesses may feel they lack the resources to focus on well-being, but steps such as encouraging people to go for a walk during their lunch break, or offering a discounted gym membership, will support employees' physical and mental well-being, and encourage them to take time away from their desks. [...]

(628 words)

From: Kitty Dann: "Are Young People Working Too Hard?" The Guardian, *19. 10. 2015, Copyright Guardian News & Media Ltd 2018*

Are the statements true or false?
Tick (✓) the correct box. Give the line number(s) plus the first three and the last three words of the relevant quote.

Task 1

	true	false
a) The media portray young people in work accurately.	☐	☐
Justification: ______		
b) The more you work, the more you get done.	☐	☐
Justification: ______		
c) For many young people work and leisure easily blend together.	☐	☐
Justification: ______		
d) Smaller companies cannot focus on their employees' well-being.	☐	☐
Justification: ______		

Task 2

Tick (✓) the correct ending (a, b, c or d) to each statement. Provide a justification for your decision from the text. Give the line number(s) plus the first three and the last three words of the relevant quote.

a) Young people generally work …

- ☐ as much as their older colleagues.
- ☐ many hours of unpaid overtime.
- ☐ at weekends and during holidays, too.
- ☐ roughly the equivalent of an extra working day per week.

Justification: ______

b) Managers should make certain that …

- ☐ they recognise the importance of being well-trained.
- ☐ when teams are very busy, they also have free time.
- ☐ their teams' leisure time is improved.
- ☐ they periodically join their teams.

Justification: ______

c) Almost one-third of young people …
- ☐ are concerned about their futures.
- ☐ would like to meet their employers first.
- ☐ need to be more flexible when seeking employment.
- ☐ know what they ultimately want.

Justification: ____________________

d) Employers have a problem …
- ☐ with young people's flexible working approach.
- ☐ knowing how many extra hours people work.
- ☐ motivating tired workers.
- ☐ finding young people to work for them.

Justification: ____________________

Task 3 **Complete each gap with a suitable word or phrase from the text.**

a) Young people have a lot of ____________ to work long and hard.

b) 16- to 24-year-olds have been labelled ____________.

c) Young people constantly feel the pressure to prove themselves because the job market is very ____________ for them.

d) Employers need workers who are ________ and ________ fit.

Task 4

Multiple matching: Who says what?

Match the opinions (A–F) to the speakers in the text. Write the letters in the correct box for either Bev White or Ingrid Waterfield. There are two opinions for each speaker and two which cannot be matched.

A The working week should be shorter.
B The "always on"-mentality can be advantageous for combining working and leisure time.
C Flexible working hours might be a key issue for employers to be attractive.
D Managers need to be role models in taking time off.
E Many young people work longer in new employment to make a good impression.
F The "always on"-mentality puts pressure on young people.

Bev White	Ingrid Waterfield

Key

Task 1

	true	false
a) The media portray young people in work accurately. Justification: **"Younger people get … sense of entitlement" (ll. 6/7)**	☐	☑
b) The more you work, the more you get done. Justification: **"Proponents of a … who works 55." (ll. 24–27)**	☐	☑
c) For many young people work and leisure easily blend together. Justification: **"However the world … throughout their day" (ll. 45/46)**	☑	☐
d) Smaller companies cannot focus on their employees' well-being. Justification: **"Smaller businesses may … from their desks." (ll. 52–55)**	☐	☑

Task 2

a) Young people generally work …

☑ roughly the equivalent of an extra working day per week.

Justification: **"on average 16- … minutes each week" (ll. 2/3)**

Hinweis: → Most people work an approximate eight-hour day, which roughly corresponds to the weekly overtime young employees work on average.

b) Managers should make certain that …

☑ when teams are very busy, they also have free time.

Justification: **"It might be … have time off" (ll. 32–34)**

c) Almost one-third of young people …

☑ know what they ultimately want.

Justification: **"nearly one in … their long-term ambition" (ll. 37/38)/ "nearly one in … to work for" (ll. 37–40)**

d) Employers have a problem …

☑ knowing how many extra hours people work.

Justification: **"While this makes … employees are working" (ll. 49/50)**

Task 3

a) Young people have a lot of **determination/get up and go** to work long and hard.

✎ *Hinweis: "Teens and those in their early to mid-twenties have plenty of get up and go and determination to put in the hours." (ll. 8–10)*

b) 16- to 24-year-olds have been labelled **lazy and entitled/the "always on" generation**.

✎ *Hinweis: „Flying in the face of the 'lazy and entitled' stereotype" (intro); „calling this age group the 'always on' generation" (ll. 12/13)*

c) Young people constantly feel the pressure to prove themselves because the job market is very **competitive** for them.

✎ *Hinweis: "In general it's more competitive for young people to get jobs." (ll. 14/15)*

d) Employers need workers who are **mentally** and **physically** fit./**happy** and **physically** fit./**healthy** and **mentally** fit.

✎ *Hinweis: "It makes good business sense if you have mentally and physically healthier people working in your organisation." (ll. 21–23); "it doesn't mean they shouldn't take steps to ensure they have a happy, healthy workforce." (ll. 50/51)*

Task 4

Bev White	Ingrid Waterfield
B, F	**C, E**

✎ *Hinweis zu B): "However the world of work is changing, with the younger generation 'very comfortable slipping between private and work life throughout their day', White says. 'They have their mobile smartphones and iPads, and they can work anywhere.'" (ll. 45–48)*

✎ *Hinweis zu C): "This more agile approach could help, especially as 'work-life balance is important to this age group', says Waterfield. […] 'It is one of the things they consider as key when they look at the work they are going to pursue and who they are going to work for'" (ll. 35–40)*

Hinweis zu E): "'When you are starting a role and wanting to prove yourself, you are willing to put in the hours,' says Waterfield." (ll. 43/44)

Hinweis zu F): "'People are trying to prove themselves because of that "always on" mentality,' [Bev White] says." (ll. 15/16)

Seats of Learning

Read the text on the disadvantages and potential benefits of universities. Then complete the matching task.

Text

Are Universities Worth it?

"To enjoy higher wages, smart people must waste time and money going to the trouble of acquiring a degree."

1

Last week the British university system offered a record number of places. That sounds like good news – but do we really need more people to go to university? For that matter, does the world need more universities?

The answer feels like it should be yes. Education is good, is it not? But everything has a cost. Education takes time. We could insist that everyone study full-time until the age of 45 but that would surely be too much. And if that's too much, perhaps half the population studying until they're 21 is also too much. As for universities, they consume financial and intellectual resources – perhaps those resources might be better spent elsewhere.

My own personal bias is strongly in favour both of going to university, and of simply having universities around. Since the main skill I learnt at university was to write about economics, and I use that skill every day of my professional life, even an abstract education seems practical to me.

2

And I now live in Oxford, one of the world's most celebrated university cities. Oxford's experience certainly suggests that universities have much to offer. The city's architecture and green spaces have been shaped – greatly for the better, on balance – by the 900-year-old institution at its heart. The beauty attracts tourists and appeals to locals too. The music, theatres and museums are great; the bookshops are to die for. Yes, Oxford is the least affordable place to buy a house in the country, which causes no end of headaches for residents – but even that problem is a symptom of success.

But these are samples of one. Many people do not find themselves using the skills and knowledge they accumulated at university. And Oxford's dreaming spires aren't terribly representative of global universities as a whole. New York University is a fine institution but, according to TripAdvisor, it's the 263rd most interesting attraction in New York City. (Nine of Oxford's top 10 attractions are university-related.) If the London School of Economics were to be bulldozed and replaced by a hotel and apartments, social science would feel a grievous loss but I am not sure that many Londoners would notice the difference. Warwick University is a superb seat of learning but it attracts no visitors to Warwick, since it is neither attractive nor in Warwick.

3

So the case for building more universities needs to rest on more prosaic grounds. A recent research paper by Anna Valero and John Van Reenen of the LSE takes a statistical look at universities around the world, asking whether they seem to boost their regional economies. (Examples of a "region" include Quebec, Illinois, Wales, and New Zealand's North Island.)

There are several reasons that they might. Universities produce well-qualified young people, many of whom stay in the area when they have finished their studies. Universities often produce useful inventions. Some innovations are borderless – penicillin was discovered in London, developed in Oxford and is available anywhere – but many research ideas stay local, at least for a time. Silicon Valley grew up around Stanford, and it hasn't moved. And there's the simple fact that universities funnel central government money through staff salaries, student loans and other sources of local spending.

4

Valero and Van Reenen find that universities do indeed seem to boost the income of their region. Double a region's count of universities – say from five to 10 – and GDP per person can be expected to rise by 4 per cent. Double the university count again, from 10 to 20, and that's another 4 per cent on GDP per person. Neighbouring regions also benefit. This is not a trivial effect.

Valero and Van Reenen are fairly confident that causation doesn't run the other way – it's not simply that regions build universities because they expect future growth. But they can't be sure that there isn't some third factor at play: perhaps, for example, strong and capable regional governments produce both prosperity and universities.

5

A more sceptical view comes from Bryan Caplan, an economics professor who, ironically, is the author of a forthcoming book *The Case against Education*. Caplan points out – not unreasonably – that many students seem to learn nothing of any obvious relevance to the workplace but, on graduation, they're rewarded with much better career prospects than non-graduates. Why?

Caplan's answer is that education is a signal. If employers have no way to tell who is smart and diligent, a student can prove that she fits into that category by excelling in, say, Latin. The Latin is like a peacock's tail: costly and useless in its own right but a necessary investment.

6

To the extent that Caplan is right, undergraduate degrees have no value to society: they enable employers to pay higher wages to smarter workers, but lower wages to everyone else – and in order to enjoy these higher wages, smart people must waste time and money going to the trouble of acquiring a degree. Everyone might be better off if the whole business was abandoned.

Who is right? My heart is with Valero and Van Reenen. But Caplan strikes an important note of discord. Collectively, we have allowed university admissions and examiners to become gatekeepers for a successful career. Is that really wise? *(865 words)*

From: Tim Harford: "Are Universities Worth it?", Financial Times, *August 24, 2016*

Multiple Matching: Which heading fits which paragraph?

Task

Read the text and the headings below. Match each heading to the correct section of the text (1–6). There are two headings which you do not need.

Text section	Heading
	The knock-on effect
	When to draw the line
	Numbers transfer into money
	Mixed feelings
	Centralising wealth
	Failing regional universities
	A measure of potential
	Differing attractions

Key

Text section	Heading
3	The knock-on effect
1	When to draw the line
4	Numbers transfer into money
6	Mixed feelings
	Centralising wealth
	Failing regional universities
5	A measure of potential
2	Differing attractions

Hinweis zu 1: **When to draw the line:** *"To draw the line" means "to set a limit" or "to define a point beyond which sth is no longer acceptable or too much". The first section of the text deals with the question of whether the world needs more universities and more people studying (cf. ll. 2/3). While the author seems to be in favour of more universities and more people studying (cf. l. 4), he also critically comments: "We could insist that everyone study full-time until the age of 45 but that would surely be too much. And if that's too much, perhaps half the population studying until they're 21 is also too much." (ll. 5–7) In other words, he is not sure where to draw the line or at which point there would be too many students.*

Hinweis zu 2: **Differing attractions:** *The main part of the second section is about the attractiveness of Oxford University, which manages to make the whole city of Oxford attractive, too (cf. ll. 14–21). However, the author points out that there are other excellent universities, which do not contribute to their locations' general attractiveness (ll. 22–31). Therefore, excellent universities do not benefit their locations in equal measure.*

Hinweis zu 3: **The knock-on effect:** *A knock-on effect is the consequence of something: section 3 describes the effect universities have on regional areas. Regional economies are boosted: highly-educated young people remain in the region (cf. ll. 37–39), research may stay local (cf. l. 41) and money is pumped into the area (cf. ll. 42–44).*

Hinweis zu 4: **Numbers transfer into money:** *In section 4, the number of universities in an area is directly related to the wealth there (cf. ll. 46–49).*

Hinweis zu 5: **A measure of potential:** *If students "learn nothing of any obvious relevance to the workplace" (ll. 57/58) but still get the top jobs, then universities must be achieving something else. As Caplan puts it, "education is a signal" (l. 60), or in other words, it measures and shows the potential of someone to perform to a high standard.*

Hinweis zu 6: **Mixed feelings:** *In the last section of the text, the author summarises arguments which speak against the value of universities and expresses his own view. On the one hand, "[e]veryone might be better off if the whole business was abandoned" (ll. 67/68), on the other hand, Harford admits that "[his] heart is with Valero and Van Reenen" (l. 69), two researchers who argue in favour of universities' worth. He therefore is not quite convinced and has mixed feelings.*

Part 1: Too Young to Vote?

Read the text on a potential lowering of the voting age. Then answer the multiple choice tasks.

Text **The Voting Age: Time to Lower it to 16**

The country looks more and more split between the old and the young. It is undemocratic to continue to deny 16-year-olds the vote.

General elections give an imprecise account of the complex and contradictory opinions held by tens of millions of people. But every vote is counted even if, under Britain's first-past-the-post system, votes in some seats count more than in others. The voices that are not heard belong to those who do not vote, and those who cannot.

Abstention is not a very effective way to communicate dissent. It appears to be acquiescence in the decisions of more engaged electors. But there are also highly motivated people who would gladly cast a vote, who are quite capable of grappling with the issues, but who are excluded. These are citizens aged 16 and 17 – deemed mature enough by the state to pay taxes and marry, join the army, and face criminal charges, but not to choose the government that would tax them or arm them in defence of the realm. Democracy has evolved by the gradual extension of voting rights to an ever-widening circle of people. Today's 16-year-olds may not have moral equivalence with the women's suffrage movement, for example. But the underlying principle of including people in the process who will be affected by its outcome applies. And as with earlier extensions of the franchise, to claim that the excluded group is incapable or unwilling to be involved is bogus.

Opponents of lowering the voting age object on grounds of insufficient maturity – that someone below the age of 18 will lack the responsibility and experience to make a valid judgment. The fact that older voters tend to turn out more reliably is cited in support of the idea that democratic responsibility accrues with years. In other words, teenagers can't be trusted to make up their own minds and probably wouldn't even show up at a polling booth if invited.

It is true that older voters participate more consistently in elections and, as a result, politicians skew their priorities towards that demographic. Fear of incurring the wrath of an ageing population built a structural bias into the Conservatives' austerity programme – so services and benefits available to younger people have been more aggressively stripped away. But a political system so conspicuously oriented away from its younger citizens is likely to accelerate feelings of alienation and disinclination to participate: the whole enterprise comes to look like a stitch-up.

Extending the franchise is no antidote to apathy, but it would signal that politics cares about the up-and-coming generation. With hindsight it seems natural and proper that 16-year-olds were allowed a say on Scottish independence in 2014. The experience was formative and edifying for many young Scots. The participation age for Holyrood elections has now been permanently set two years lower than in England. Civilisation north of the border does not appear to have been sabotaged by the change. With the same hindsight, the exclusion of 16-year-olds from [the] referendum on European Union membership was also regrettable: it was their future as well as the nation's destiny.

Foolishness and selfishness are spread evenly across the population. Immaturity is not confined to youth, nor insight guaranteed by age. Entitlement to vote should depend on status as a citizen, old enough to understand the gravity of the decision. Society has long regarded 16 as a watershed in love, national defence and taxes. It's time they had a say in how that society was governed.

(555 words)

From: https://www.theguardian.com/commentisfree/2017/jun/08/the-guardian-view-on-the-voting-age-time-to-lower-it-to-16, 08. 06. 2017,

Tick (✓) the correct box. **Task**

a) The electoral system in Britain …

- ☐ does not reflect the majority of views.
- ☐ fails to create a truly representative outcome.
- ☐ is creating an increasingly apathetic society.

b) Not voting …

- ☐ is a powerful way to show dissatisfaction with current politics.
- ☐ is unfortunately the choice of many voters to demonstrate their disapproval.
- ☐ would be less likely to happen if the voting age was reduced.

c) Changing the electoral system …
- ☐ is a priority of the next government.
- ☐ should not include people currently ineligible to do so.
- ☐ has proven in the past to be a long process.

d) Critics justify their opposition by saying …
- ☐ 16- to 17-year-olds cannot be trusted to use their vote appropriately.
- ☐ older people would object to the lower age limit.
- ☐ young people are generally uninterested in politics.

e) The government's cuts …
- ☐ are necessary to help the ageing population.
- ☐ have badly affected everyone.
- ☐ are fostering ill feeling among young people.

f) Lowering the voting age would …
- ☐ not increase the number of voters.
- ☐ send a positive message to young people.
- ☐ simply create more apathy.

g) The Scottish referendum on independence indicated that …
- ☐ 16–17-year-olds could not vote responsibly.
- ☐ among young people emotional voting prevailed.
- ☐ a lower voting age can be a success.

h) The author draws attention to …
- ☐ inconsistencies and unfairness that currently exist.
- ☐ valid points the critics made.
- ☐ the need for more stable voting.

Part 2: Making Plastic History

Read the text on plastic waste, its problems and possible strategies to reduce it. Then do the task.

It's Time the Government Kept up with the Public when it Comes to Ditching Plastic

Text

Our polling shows that people are willing to make changes in their everyday lives to reduce plastic pollution. Even tentative first steps can be meaningful.

Today, as is typical, almost 7 million disposable coffee cups will be thrown away. "Disposable" is of course a cosy-sounding misnomer, as the great majority, being a complex mix of cardboard and plastics, are impossible to dispose of responsibly – that is, to recycle. They will stubbornly litter the land, and the seas, for many years to come. Disposing of them is, in effect, impossible. This is why a better way needs to be found to deal with this growing problem, and with some sense of urgency.

The answer, as with much else, is a combination of carrot and stick. The stick has been much discussed in recent weeks, as Sir David Attenborough's pioneering series *Blue Planet 2* has heightened public awareness of the existential problem of plastics pollution in the oceans, a much broader challenge than the coffee cups problem.

A few weeks ago MPs suggested a 25p tax on disposable cups, after the 5p charge for plastic carrier bags, which has proved a most successful experiment in altering consumer behaviour. Ministers seem set to adopt the idea, and not before time. Provided there are suitable safeguards in place, such as exemptions for small local neighbourhood cafés, then the proposals look eminently sensible.

It used to be called "nudge" economics, but the idea of using modest deterrents to change public attitudes has a long history. The taxes and duties now imposed on petrol and tobacco, for example, would have been unimaginable a generation or two ago, and much the same shift in attitude is taking place with alcohol and sugary drinks. The "fat tax" on the unhealthiest "treats" available in the supermarket or takeaway may not be far away.

The only question is – what's delaying action? Theresa May was rightly criticised for the far-distant horizons of the 2040s in her 25-year national environmental plan, and there seems no insuperable barrier to some tentative first moves to go beyond mere consultation.

It will be a long march before we make plastic history, but we can start now. After all, there is, as our polling reveals today, a good deal of public support for this move, and an increasing realisation that clean air, thriving wildlife and sustainable oceans aren't barriers to economic growth, but rather they underpin it. What use is it being able to afford that expensive barista-blended delicious real coffee if the seaside you consume it besides has a beach covered in dead fish and assorted plastic waste?

So the latte levy should be merely the latest instalment in a series of charges, levies and taxes that will deter behaviour that is bad for the planet. The proceeds, by the same token, should be "greened" – spent on improving recycling facilities, for example, an especially urgent need given that China has announced that it will no longer take the West's garbage merely to sell it back to us as new plastic gadgets and gewgaws.

The European Union has also published ambitious targets, and firms from McDonald's, Iceland and Waitrose are taking valuable initiatives of their own. Plastic cups, plastic straws, plastic microbeads in cosmetics, plastic water bottles, absurd plastic over-packaging of food-stuff: all are coming under the right kind of attention.

Government policies on eradicating plastic waste may be overambitious and, at times, counterproductive. Mistakes could be made if, for example, the war on plastic merely increases food spoilage and waste; but the whole world – with the glaring exception of […] America – is moving steadily towards an environmentally safer future. Perhaps it has not come too late. *(587 word)*

From: https://www.independent.co.uk/voices/editorials/plastic-pollution-government-theresa-may-environment-michael-gove-disposable-coffee-cups-a8164436.html, 17.01.2018

Task

Are the statements true or false?
Tick (✓) the correct box. Give the first four words of the sentence that justifies your decision. If there is more than one sentence possible, use the most suitable.

	true	false
a) The disposable cup has become the major sea polluter.	☐	☐
Justification: ______________________________		
b) The proposed levy on disposable cups will affect every outlet.	☐	☐
Justification: ______________________________		
c) The government has been quite successful at public persuasion.	☐	☐
Justification: ______________________________		
d) Environmental protection will inevitably result in financial difficulties for businesses.	☐	☐
Justification: ______________________________		
e) Income from "nudges" needs to be used to benefit the environment.	☐	☐
Justification: ______________________________		
f) Abandoning plastic without thought could lead to further issues.	☐	☐
Justification: ______________________________		

Part 3: A New Generation of Drones

Read the text on drones, their possible future fields of application and the problems that need to be solved beforehand. Then answer the questions.

Text **Rise of the Drones: from Policing the Streets to Painting your House**

With automation and artificial intelligence the delivery of parcels is only the tip of the iceberg for the next generation of drones.

If technology companies have their way, the buzz of a drone will soon be as ubiquitous as the glint of a smartphone screen. Facebook aims to deliver internet access from drones high in the stratosphere, Google wants to drop piping hot food at your door via quadcopter, and Amazon has just patented a shoulder-mounted drone to help police officers.

Today's commercial drones carry lightweight radios and cameras, and pack powerful lithium ion batteries whose flight times last minutes rather than seconds.

But that is nothing compared to what could be coming soon. The change that Silicon Valley is working towards, and that many people fear, is drones harnessing the growing power of automation and artificial intelligence. When drones no longer need humans to control them, their usefulness will improve exponentially.

Deliveries of small packages, medicines and takeaway food, all of which have already happened, are only the tip of the iceberg. Why put up scaffolding to paint your house when an intelligent drone could do it in a flash? Drones could swarm into agriculture, industry and sports. They could hunt for missing hikers, respond to burglar alarms, and act as mobile speed cameras. Uber thinks that autonomous drones will one day even transport people around cities.

Such is the hype. But for every tech company with its head in the clouds, there are problems to bring them back down to earth. "There are big technical challenges," says Ryan Calo, a law professor at the University of Washington. "There's a bunch of PhD theses that need to be completed before you can build a drone to autonomously police an area, find intruders, and use facial recognition to know who is meant to be there. Plus, having these things stay aloft beyond a few minutes is non-trivial."

The problems get larger still when you think of a drone having to avoid obstacles: weather, birds, manned aircraft and all the other drones zipping around. [...]

In the meantime, there is growing tension between drone enthusiasts who want flying robots filling our skies, and some regulators, pilots, politicians and the public who are less than excited at the prospect. […]

"Privacy is the biggest unanswered question," says Arthur Holland Michel, director of the Centre for the Study of the Drone at Bard College, in New York. "The FAA [America's Federal Aviation Administration] has no hard rules relating to privacy or data collection and use, nor does it have any rules regarding overflights of private property." While the federal government dithers, some American states and cities have passed their own laws, creating a patchwork of legislation that could frustrate future commercial services.

There is also uncertainty about when or even whether hi-tech operations, including flights without human operators, will be allowed. "At the end of the day, I just don't know whether or not the FAA has the internal expertise to sign off on some of the more interesting uses," says Calo.

Little surprise, then, that some of the world's biggest tech companies are testing their drones elsewhere. Last month, Amazon founder Jeff Bezos told a conference in Seattle: "We're getting really good cooperation from the British equivalent of the FAA, the CAA [Civil Aviation Authority]. It's incredible. It's really cool." Amazon is developing and testing its Prime Air delivery drones in the fields around Cambridge.

Despite the UK's enthusiasm for Amazon, and similarly permissive test flights elsewhere in Europe, Canada and Australia, "no single country stands out as being aeons ahead of everyone else," says Holland Michel. "Though they may vary on the details, all countries are grappling with the same concerns. The deciding factor will be how flexible and responsive their regulations are."

Public opinion will also play a role, especially in the use of controversial devices like police drones. Drones are already used by fire services and police forces to carry out aerial surveillance, but Amazon imagines a small personal drone acting as an all-seeing body-cam for the police.

Even armed drones are possible. "We are very likely to see drones equipped with less-than-lethal weapons, like sound cannons or tear gas canisters," says Holland Michel. "The idea of weaponised drones will make a lot of people uncomfortable but if one of these drones saves lives, say by resolving an active shooter situation, that could change minds at both the regulatory and the popular level." *(722 words)*

From: Mark Harris, 19. 11. 2016, https://www.theguardian.com/sustainable-business/2016/nov/19/rise-of-the-drones-from-policing-the-streets-to-painting-your-house,

Task **Answer the questions with information from the text. Do not write complete sentences.**

a) What noticeable difference will exist between today's drones and those in the future?

____

b) So far, what are drones able to do? (Give one example.)

____

c) Identify three differing technical problems which still require solving.

❶ ____

❷ ____

❸ ____

d) What issue about drones is not being addressed nationally in the USA?

____

e) Why isn't there a leading country for drone development and use?

____

f) What justification is given for arming drones?

____

Key

Part 1: Too Young to Vote?

a) The electoral system in Britain …

☑ fails to create a truly representative outcome.

Hinweis: "General elections give an imprecise account of the complex and contradictory opinions held by tens of millions of people. But every vote is counted even if, under Britain's first-past-the-post system, votes in some seats count more than in others." (ll. 1–4)

b) Not voting …

☑ is unfortunately the choice of many voters to demonstrate their disapproval.

Hinweis: "Abstention is not a very effective way to communicate dissent." (l. 6)

c) Changing the electoral system …

☑ has proven in the past to be a long process.

Hinweis: "Democracy has evolved by the gradual extension of voting rights to an ever-widening circle of people." (ll. 12/13) → An example that clearly shows how long a process the extension of voting rights can be is that of the women's suffrage movement (cf. ll. 14/15). You have to connect your background knowledge on the movement with information from the text.

d) Critics justify their opposition by saying …

☑ 16- to 17-year-olds cannot be trusted to use their vote appropriately.

Hinweis: "Opponents of lowering the voting age object on grounds of insufficient maturity – that someone below the age of 18 will lack the responsibility and experience to make a valid judgment." (ll. 19–21); "In other words, teenagers can't be trusted to make up their own minds" (ll. 23/24)

e) The government's cuts …

☑ are fostering ill feeling among young people.

Hinweis: "But a political system so conspicuously oriented away from its younger citizens is likely to accelerate feelings of alienation and disinclination to participate: the whole enterprise comes to look like a stitch-up." (ll. 29–32)

f) Lowering the voting age would …

☑ send a positive message to young people.

Hinweis: "Extending the franchise is no antidote to apathy, but it would signal that politics cares about the up-and-coming generation." (ll. 33/34)

g) The Scottish referendum on independence indicated that …

☑ a lower voting age can be a success.

Hinweis: "With hindsight it seems natural and proper that 16-year-olds were allowed a say on Scottish independence in 2014. The experience was formative and edifying for many young Scots. The participation age for Holyrood elections has now been permanently set two years lower than in England. Civilisation north of the border does not appear to have been sabotaged by the change." (ll. 34–39)

h) The author draws attention to …

☑ inconsistencies and unfairness that currently exist.

Hinweis: The whole text is full of examples that show that the current system is inconsistent and unfair. The introduction already mentions that "[i]t is undemocratic to continue to deny 16-year-olds the vote". In lines 1 to 4, the British voting system is presented as imperfect. Lines 7 to 12 enumerate more inconsistencies, like that "highly motivated people who would gladly cast a vote [and] are quite capable of grappling with the issues" are not allowed to vote but "deemed mature enough […] to pay taxes and marry, join the army, and face criminal charges". At the end of the article the referendum on Britain's membership in the EU can be seen as another indicator of the current system's unfairness because those whose future was on the line were not allowed "a say in how [their] society was governed" (cf. ll. 39–46).

Part 2: Making Plastic History

	true	false
a) The disposable cup has become the major sea polluter. Justification: **"The stick has been …" (ll. 8–12)**	☐	☑
b) The proposed levy on disposable cups will affect every outlet. Justification: **"Provided there are suitable …" (ll. 16–18)**	☐	☑
c) The government has been quite successful at public persuasion. Justification: **"A few weeks ago …" (ll. 13–15); "It used to be …" (ll. 19/20)**	☑	☐
d) Environmental protection will inevitably result in financial difficulties for businesses. Justification: **"After all, there is, …" (ll. 30–32)**	☐	☑
e) Income from "nudges" needs to be used to benefit the environment. Justification: **"The proceeds, by the …" (ll. 37–41)**	☑	☐
f) Abandoning plastic without thought could lead to further issues. Justification: **"Mistakes could be made …" (ll. 52–54)**	☑	☐

Part 3: A New Generation of Drones

a) What noticeable difference will exist between today's drones and those in the future?

human control no longer needed/drones acting autonomously

Hinweis: "But that is nothing compared to what could be coming soon. The change […] is drones harnessing the growing power of automation and artificial intelligence. When drones no longer need humans to control them, their usefulness will improve exponentially." (ll. 9–13)

b) So far, what are drones able to do? (Give one example.)
carry lightweight radios and cameras/stay airborne for a few minutes/ deliver small packages, medicines and takeaway food/ carry out aerial surveillance for fire services and police

✎ *Hinweis: "Today's commercial drones carry lightweight radios and cameras, and pack powerful lithium ion batteries whose flight times last minutes rather than seconds." (ll. 6–8); "Deliveries of small packages, medicines and takeaway food, all of which have already happened" (ll. 14/15); "Drones are already used by fire services and police forces to carry out aerial surveillance" (ll. 56/57)*

c) Identify three differing technical problems which still require solving.

❶ to operate autonomously

✎ *Hinweis: "There's a bunch of PhD theses that need to be completed before you can build a drone to autonomously police an area, find intruders, and use facial recognition to know who is meant to be there." (ll. 23–25)*

❷ to have longer flight times

✎ *Hinweis: "Plus, having these things stay aloft beyond a few minutes is non-trivial." (ll. 25/26)*

❸ to avoid obstacles

✎ *Hinweis: "The problems get larger still when you think of a drone having to avoid obstacles" (ll. 27/28)*

d) What issue about drones is not being addressed nationally in the USA?
privacy

✎ *Hinweis: "Privacy is the biggest unanswered question [...] The FAA [...] has no hard rules relating to privacy or data collection and use, nor does it have any rules regarding overflights of private property. While the federal government dithers, some American states and cities have passed their own laws" (ll. 33–38)*

e) Why isn't there a leading country for drone development and use?
every country has the same problems and worries

✎ *Hinweis: "Though they may vary on the details, all countries are grappling with the same concerns." (ll. 52/53)*

f) What justification is given for arming drones?
could save lives

✎ *Hinweis: "if one of these drones saves lives, say by resolving an active shooter situation, that could change minds" (ll. 62/63)*

Kommunikation – Leben in Zeiten des Wandels

Task

Bob Dylan once sang, "The times they are a-changin'". Today we are living in a world of radical change.
On the occasion of an international youth conference you are taking part in a competition on the subject of "change", for which you need to write a short English text (about 250 words).
You have found the following article on communication and decide to take it as a basis for your text. Find a suitable headline for your article and focus on historical changes and developments as well as their effects on society.

Text

Kommunikation im Internet: Das Echo der Geschwätzigkeit

Jeder checkt und updated mittlerweile seinen Online-Status, um mit seinem Umfeld in Verbindung zu bleiben. Dabei lässt die Aufmerksamkeit für die analoge Gegenwart immer mehr nach, weil der Mensch nur noch digital um sich kreist. Doch der verlorenen guten alten Zeit muss man deswegen nicht nachtrauern.

Wer nach dem Abitur Mitte der Achtzigerjahre für eine längere Zeit nach Amerika ging, war weg. Richtig weg: physisch wie kommunikationstechnisch. Damals waren transkontinentale Ferngespräche von der Dauer einer halben Stunde so teuer wie eine Monatsmiete im Wohnheim. So blieb, um in Kontakt zu bleiben, nur der Brief, der per Post verschickt wurde. Snail Mail, Schneckenpost, nennt man sie heute, weil sie lange unterwegs war. Wurde in dem Brief eine Frage gestellt, so durfte mit der Antwort erst einen Monat später gerechnet werden: 14 Tage reiste die Frage hin, 14 Tage die Antwort zurück. Das Wegsein war fühlbar.

Heute sind Abiturienten nicht mehr weg, wenn sie ins Ausland reisen. Kommunikationstechnisch sind sie nie weg. Sie verabreden sich mit ihren Freunden zu einer bestimmten Zeit – das ist noch nötig wegen der unterschiedlichen Zeitzonen –, um aus Melbourne, Kapstadt, München und New Orleans zum Kaffeeklatsch zusammenzukommen, per Video-Chat. Das ist eine Gruppen-Live-Schaltung, an der jeder teilnehmen kann, egal wo er sich auf diesem Planeten befindet. Nur ein Internetanschluss ist nötig. Kostenlos ist diese Schaltung auch noch.

Beim Plausch ist dann alles wie auf dem heimischen Pausenhof – mit dem einzigen Unterschied, dass sich die Hintergrundtapeten der Sprechenden jeweils kontinentaltypisch gestalten. Dass man sich zwischen diesen Video-Konferenzen jederzeit frische Fotos auf die Facebook-Walls stellt, um sie gegenseitig zu „liken" und lobend zu kommentieren, ist ohnehin klar. Die größte Sorge dieser jungen Menschen in fremden Ländern ist darum weniger, dass sie mit der dortigen Fremdheit nicht zurechtkommen könnten, sondern dass ihren Online-Geräten der Strom ausgeht.

Jeder, und das ist längst kein Privileg der Jugend mehr, checkt und updated mittlerweile seinen Online-Status, um dauerhaft in Verbindung zu bleiben, auch wenn man weit auseinander lebt. Verbindung meint hier nicht nur den zeitlich begrenzten Kontakt, sondern die Online-Nabelschnur zur jeweiligen Peer Group, die beständig ein digitales Echolot sendet: Wir sind da und zusammen.

Wichtige Fragen sind daher: Lebt man in den fernen Welten, um lustige Bilder davon mit Freunden zu teilen? Erlebt man die ferne Welt überhaupt noch direkt – oder nur noch über die „Likes" der Freunde? Das ist mittlerweile das Problem nahezu aller Menschen in hochzivilisierten Ländern: Immer online zu sein, also über Mail, SMS, Chat und Soziale Netzwerke ständig miteinander zu kommunizieren, heißt ja nicht, dass man an ein Gerät angeschlossen ist wie an einen Hirnscanner. Es heißt, dass man ohne Unterlass mit anderen Menschen kommuniziert.

Das hat Auswirkungen auf die Aufmerksamkeit, die man der analogen Gegenwart schenkt, in der man sich faktisch befindet. Denn es verändert sich zunehmend das Gefühl von Anwesenheit. Wo ist Hier, wenn überall Jetzt ist? An welchem Ort befindet sich jemand, der sich wie von einem Gummiband gezogen immer wieder an den auf grundlose Heiterkeit angelegten Nicht-Ort Facebook begibt und transkontinental Kaffee trinkt?

Man muss nicht der verlorenen guten alten Zeit des Analogen nachtrauern. Man muss nur wissen, dass es so ist: Die neuen Medien suggerieren den Kick des Außergewöhnlichen, des Besonderen, der Bestätigung eigener Ansichten und eigener Bedeutung als Lebensnormalität. Festzustellen ist daher, dass das, was Soziologen die Effekte der „Computervermittelten Kommunikation" (CVK) nennen, einen nennenswerten Einfluss auf die Kommunikation von Menschen hat. Der Einfluss zeigt sich in Formen des Umgangs miteinander – doch zuallererst im Wandel der Sprache. [...] *(574 Wörter)*

Quelle: Bernd Graff: „Kommunikation im Internet", 23. 12. 2012, http://www.sueddeutsche.de/digital/kommunikation-im-internet-das-echo-der-geschwaetzigkeit-1.1557367

Step-by-step approach

Step 1: Note taking

Note down the key aspects your answer should contain.
Highlight the relevant passages in the German text first.
Then think of bullet points in English for the categories below.

1 Introduction:
•
2 Young people – post-Abitur:
Mid-80's:
• Travelling abroad means
•
•
Today:
• Travelling abroad means
•
•
•
3 Changes:
•
•
4 Effects:
•
•
•
•

•
•
5 Conclusion:
•

Step 2: Checkpoint

Compare your notes to the following example. Have you found all the key aspects? Decide whether you did well (☺) or if you need to improve your results (☹).

	☺ ☹
1 Introduction:	
• Considerable changes which affect society	
2 Young people – post-Abitur:	
Mid-80s:	
• Travelling abroad means being away from home with very restricted contact	
• Phone calls were very expensive	
• Post took a long time (about a month to have an answer to a question)	
Today:	
• Travelling abroad means never being far away from one's friends contactwise	
• Only arrangements needed in order to chat online or video-conference: consequences of time zones	
• Can exchange and comment on photos and experiences immediately	
• Only worry: electricity supply might be cut off	

3 Changes:	
• Today everyone is online and in contact with each other	
• Digital contact is also a linking process saying we're here and together	
4 Effects:	
• The world is not being explored like before	
• Photos and friends' opinions are exchanged rather than personal experiences gained	
• Everyone is in contact with each other digitally	
• Feeling of being present (there) is different	
• A different place has no real meaning when everything is accessible everywhere	
• Communicating digitally has influenced how we connect with each other and language, too	
5 Conclusion:	
• It's not necessary to mourn old times but just to be aware of the changes	

Tip

Don't forget to structure the key aspects before you start writing the text for the competition. In this type of text, formal English is expected. Finally, think of an interesting headline. This will help you to catch the jury's attention right from the beginning.

Step 3: Example answer

The times they are a-changin'

Times are changing – I agree: but not in a revolutionary way, rather more like a snowball that gathers everyone up as it speeds along.

If you had gone to America, for example, after finishing school in the mid-80s, you would have been far away from home with limited contact to family and friends. Phone calls were exceedingly expensive and any communication by post would have taken many weeks before being read.

Today's young people in comparison are never distanced from friends and family as a consequence of their communication methods. The only restrictions are time zones, which need to be considered in order to chat or video-conference. Photos and experiences are exchanged immediately and so the friend across the world could equally be just around the corner. The only worry is whether the electricity supply will get cut off.

This digital contact is not restricted to young people, though, – everyone is doing it. By being part of the digital world one shows that one is there and part of this global togetherness.

However, the world is not being explored as it once was: photos and opinions are being exchanged at the expense of first-hand experiences and independence; communication is being restricted by the comfort of digital technology, meaning we are less likely to meet new people because we have a digital lifeline. Being far away has no meaning anymore.

Change is not a negative development, but we should be aware of it and the influences it has. *(247 words)*

Orientierung in einer komplexen Welt – Piktogramme

Task

You have an English friend who is an arts students and is currently working on a project about pictograms, which were used in the art of indigenous American and Australian peoples, for instance.
You came across the following article and told your friend about it. She would like to use the article for her project, but does not speak German. So, she has asked you to summarise the main aspects in English. Write a summary of about 250 words.

Text

Folgen Sie der Linie!

Was wäre die heutige Welt ohne Verkehrszeichen, Hinweisschilder und andere Alltagssymbole? Eines der wichtigsten Zeichen entstand, als eine Milchkanne umkippte.

Sie ist nicht ganz dicht. Ein Rinnsal läuft ständig aus der Milchkanne. Die Milch tropft aus dem Lieferwagen auf die Straße, der nun eine weiße Spur hinter sich herzieht. Ein Mann, Edward N. Hines, ist gerade mit seinem Fahrrad unterwegs und beobachtet die Szene. Hines ist Mitglied der Straßenkommission von Wayne County in Michigan/USA und die tropfende Milch bringt ihn 1911 auf eine folgenreiche Idee: Man könnte weiße Streifen auf die Fahrbahnmitte malen, damit die Fahrtrichtungen endlich eindeutig voneinander getrennt sind. Auf alle Straßen seines Bezirks lässt er weiße Linien pinseln – und erfand damit die Fahrbahnmarkierung.

Heute gibt es viele solcher Markierungen und Symbole, durch die wir uns in einer immer komplexer werdenden Welt besser zurechtfinden. Ob Verkehrszeichen, Hinweisschilder in Museen oder Flughäfen, Apotheken- oder Supermarktsymbole – ohne eine gewisse Grundkenntnis von Alltagssymbolen hätten wir kaum eine Chance, uns in einer fremden Umgebung zu orientieren. Wir würden uns heillos verfahren, nur per Zufall rechtzeitig den Zug oder das Flugzeug erreichen, einen Notausgang oder die nächste Toilette finden.

Die ersten vier Verkehrsschilder

Seit Beginn des 20. Jahrhunderts, als das Automobil und die Mobilität ihren Siegeszug antraten, müssen Bildsymbole und Piktogramme möglichst länderübergreifend verständlich sein. So einigten sich 1909 Belgien, Bulgarien, Deutschland, Frankreich, Großbritannien, Italien, Monaco, Österreich und Spanien in einer Konferenz in Paris auf vier Verkehrszeichen, die wir ganz ähnlich auch heute noch verwenden: beschrankter Bahnübergang, Kreuzung oder Einmündung mit Vorfahrt von rechts, unebene Fahrbahn und Doppelkurve. Vier weitere internationale Konferenzen folgten – mit der vorläufig letzten, der Wiener Konferenz 1968, wurde das heute noch gebräuchliche Stoppschild in der Bundesrepublik eingeführt; die DDR zog 1977 nach. Es ist übrigens das einzige auf der ganzen Welt anerkannte Verkehrszeichen und das einzige, das dank seiner achteckigen Form auch noch völlig verschmutzt oder verschneit eindeutig erkennbar ist.

Als eigentlicher Vater des Piktogramms, dieses Verkehrszeichens der Globalisierung, gilt der Wiener Philosoph und Ökonom Otto Neurath. In den 1920er-Jahren träumte er von einer Sprache, die jedermann auf der Welt verstehen könne. Zunächst realisierte er dies im Wiener Gesellschafts- und Wirtschaftsmuseum, in dem er ein verständlicheres Informationssystem einführte. Er verzichtete auf lange Texte und setzte stattdessen auf Wissensvermittlung über Bilder und Illustrationen. Dadurch definierte er das Museum erstmals nicht mehr nur als Ort des Bildungsbürgertums, sondern machte es auch für bildungsärmere Schichten attraktiv. […]

Aggressive Farben am Flughafen

Eine andere Wurzel der Alltagssymbole sind die Olympischen Spiele: Denn natürlich ist der Bedarf nach einer eindeutigen Kommunikation beim internationalsten Ereignis der Welt am größten. Als erste Vorläufer gelten die 1936 für die Sommerspiele in Berlin geschaffenen Zeichen. Sie waren jedoch noch nicht so konsequent abstrakt und geometrisch wie ihre Nachfolger 1964 in Tokio oder gar 1972 in München. [...]

Die Arbeitsgemeinschaft Deutscher Verkehrsflughäfen führte ab 1968 einheitliche Piktogramme (etwa für Check-in, Ausgang, Gepäckausgabe) und Leitsysteme (etwa die Richtungsschilder zu den Gates) für den Luftverkehr ein. Auch die verwendeten Farben wurden vereinheitlicht. Häufig wird in Flughäfen die Farbe Gelb für Ausschilderungen verwendet – obwohl sie, wenn sie häufig auftritt, aggressiv wirken kann. Der Grund: Für Schilder, die schnell erfasst werden sollen, kommen nur kräftige Farben wie Blau, Rot, Gelb oder Grün infrage. Grün ist in Europa vor allem für Fluchtwege reserviert – die Amerikaner bevorzugen Rot. Auch bei den Autobahnen benutzt man noch verschiedene Farben. In Deutschland sind sie blau gekennzeichnet, Landstraßen gelb. In Italien sind die Autobahnzeichen grün, die Landstraßen blau.

Piktogramme dagegen sind weltweit einheitlicher gestaltet. Welch starke Aussagekraft sie haben, sieht man daran, dass wir sie – selbst wenn sie etwas völlig anderes darstellen – richtig deuten. Nicht Piktogramme von Waschbecken und Kloschüsseln weisen uns den Weg zur Toilette, sondern die stilisierten Umrisse eines Mannes oder einer Frau.

Der Totenkopf ist gar zum Ideogramm geworden, das heißt, er hat eine Bedeutung erhalten, die über den Gegenstand hinausgeht und assoziativer Natur ist: Hier lauert tödliche Gefahr. *(625 Wörter)*

Quelle: Thomas Röbke, P.M. Perspektive *03/2012*

Step-by-step approach

Step 1: Note taking

The task asks for a situation summary. You should select the main points of interest from the text relevant to your friend's project and show the development chronologically. This is an email attachment, not the email itself, so approach your answer as a text summary. Note down the key aspects your answer should contain. Highlight the relevant passages in the German text first. Then think of bullet points in English for the categories.

1	Introduction:
	•
2	Origin of road markings:
	•
	•
	•
3	Road sign development:
	•
	•
	•
4	Pictogram development:
	•
	•
	•
5	The role of colour:
	•
	•
6	End:
	•

Step 2: Checkpoint

Compare your notes to the following example. Have you found all the key aspects? Decide whether you did well (☺) or if you need to improve your results (☹).

	☺	☹
1 Introduction:		
• Article from *P.M. Perspektive*		
2 Origin of road markings:		
• Road markings began in US after a trail of milk was seen		
• Edward N. Hines realised the potential of road markings		
• Lanes then became separated by white lines		
3 Road sign development:		
• As transport developed so did the need for signs		
• 1909: 9 European countries agreed to 4 signs (level crossing, junction, uneven road and double bend)		
• More signs were developed later including the stop sign; the only eight-sided sign – recognisable without needing to read it		
4 Pictogram development:		
• Otto Neurath, seen as father of the international pictogram, dreamt of an international method of information giving that everyone could understand; developed signs for a museum		
• Olympic Games developed pictograms further; by 1972 they had become the simple ones we know		
• In 1968, airports began using pictograms for check-ins and directions; simple forms with colour playing an important role		
5 The role of colour:		
• Standardised colours: blue, red, yellow, and green used for information needing to be read quickly		
• Green in the EU is for emergency exits; in the USA it's red		
6 End:		
• We can't live without signs anymore		

Tip Now structure the key aspects and write the summary. Although the text is meant for a friend of yours, you should use formal English as she wants to use the information for a university paper.
Here are some words you might want to use in your summary:
- "beschrankter Bahnübergang" = level crossing
- "unebene Fahrbahn" = uneven road
- "Doppelkurve" = double bend

Step 3: Example answer

The article by Thomas Röbke from *P.M. Perspektive*, 03/2012, explains how, in 1911, an American working for a local district in road management witnessed a milk can leaving a trail of milk behind it as it was being transported. He quickly saw that white lines could be painted in the middle of the roads to separate the lanes, and this he did.

Two years earlier, though, the need for road signs had been recognised in Europe. In 1909, nine European countries agreed to have four common ones: one for a level crossing, a junction, an uneven road and a double bend. In the course of time, more road signs were agreed upon including the only eight-sided one: the international 'stop' sign instantly recognisable by its shape even if it cannot be read.

During the 1920s, it was the Austrian Otto Neurath who became the real father of pictograms. He dreamt of an international method of providing people with information without the use of words. He fulfilled his dream in a Vienna museum. The Olympic Committee built on this concept; by 1972, its images had developed into the simple ones that are now recognised worldwide.

After 1968, airports introduced simplified direction signs and colour played a significant role. Blue, red, yellow and green are colours used in situations where information needs to be read quickly. Airport signs, for example, are yellow; on German motorways, signs are blue; emergency exits in Europe are green and in America they are red. Living without signs would be extremely difficult today.

(257 words)

Extremsportarten – Der Reiz liegt im Risiko

Task

A few months after you and your Australian friend have been bungee jumping, your friend suggests trying out base jumping next. You have already gone parachuting yet you are worried that base jumping might be much more dangerous.
You have read the following two articles and feel resolute in your opinion. Write an email to your friend in which you present the negative sides of base jumping.
The length of your email should be about 250 to 300 words.

Text 1

Von Fall zu Fall: Base-Jumping

Es ist kein Lebensmüder, der den steilen Felsen erklimmt und für wenige Augenblicke der inneren Einkehr und mentalen Vorbereitung am Felsvorsprung innehält. Kein Grund, die Feuerwehr zu rufen, denn es ist ein austrainierter Base-Jumper. Zu Deutsch bedeutet das etwa Objektsprung. Will heißen der Base-Jumper lässt sich weder von einem Flugzeug noch einem Hubschrauber in die Höhe transportieren, um sich mit einem Fallschirm kontrolliert in die Tiefe zu stürzen. Beim Sprung aus dem Flugzeug beschreibt die Fallrichtung eine Kurve, weil sich die Maschine in Bewegung befindet. Das kann auch der Hubschrauber, wie auch in der Luft stehen. Dann stürzt der Fallschirmspringer wie ein Stein kerzengerade zu Boden. Für jene, die das erste Mal aus einem „Chopper" springen und Flugzeuge gewohnt sind, eine gewöhnungsbedürftige Sprungtechnik. Die jener der Base-Jumper aber näherkommt. Die Objektspringer nehmen nur einen kurzen Anlauf vorm Absprung, um ausreichend Sicherheitsabstand zum Objekt zu bekommen und im freien Fall nicht damit zu kollidieren. Besonders in der Phase des sich öffnenden Fallschirms ist erhöhte Vorsicht und Aufmerksamkeit geboten. Das Wort *Base* setzt sich zusammen aus B wie *Building* (Gebäude), A wie *Antenna* (Sendemast), S wie *Span* (Brücke) und E wie *Earth* (Erde, Felsen, etc.) Im Unterschied zu dem klassischen Fallschirmspringen trägt der Base-Jumper meistens keinen Reservefallschirm. Nicht, weil er leichtsinniger wäre. Aber aufgrund der geringen Sprunghöhe könnte man bei einer Störung des Hauptschirmes keinen zweiten öffnen, weil die Zeit dazu einfach fehlte. Insofern kann das Objektspringen durchaus gefährlicher sein. Denn die Sprunghöhen sind ausreichend genug, um jeden Sprung im Worst Case zum letzten zu machen. Dem Packen des Hauptschirmes wird beim Base-Jumping daher eine ganz besondere Sorgfalt zuteil. Jeder kleinste Fehler kann verheerende Konsequenzen nach sich ziehen. Bei niedrigen Sprunghöhen hat der Sportler bereits beim Anlauf die Reißleine in der Hand. Das erfordert spezielle Auslösearten der Schirme, damit diese sich vergleichsweise schnell öffnen können. Die Fallschirme sind dem Einsatzzweck angepasste und modifizierte sogenannte Siebenzeller.

Das Base-Jumping ist nicht in allen Ländern gesetzlich gestattet. Während es in vielen Ländern schlicht toleriert wird, drohen zum Beispiel in Dubai empfindliche Strafen, wie die Ausweisung von Touristen. In den USA ist es, wie so oft, eine Frage der Versicherung. Die Assekuranzen fürchten Millionenklagen, weswegen das Objektspringen dort weitestgehend verboten ist. In Europa verfährt man mit den Base-Jumpern vergleichsweise tolerant. Bekannte Felsen können ohne eine spezielle Genehmigung genutzt werden. Auch in Deutschland darf man diesem spannenden Hobby nachgehen, jedoch nicht ohne eine schriftliche Genehmigung. Will heißen der Eigentümer des Objekts, von dem abgesprungen wird, muss um Erlaubnis gebeten werden. Des Weiteren ist ein Geländegutachten erforderlich und die Ausrüstung muss den Zulassungsbestimmungen entsprechen. Ob diese jene chinesischen Artisten hatten, von denen Marco Polo zu berichten wusste? *(439 Wörter)*

Quelle: Action & Wissen Nr. 5/12, *Verlag New Level Establishment, Vaduz*

Ein winziger Fehler beim Base-Jumping, und du bist tot

Text 2

Sie springen von einem Berg 700 Meter in die Tiefe – und ziehen erst im letzten Moment den rettenden Schirm. Basejumper riskieren ihr Leben für ein paar Sekunden Nervenkitzel.

[...] Oscar schaut noch einmal kurz über die Schulter, grinst – und springt.

700 Meter sind es von der Felskante bis zum Talgrund. Oscar ist weit gereist, um sich von hier oben hinabzustürzen. Die meiste Zeit des Jahres arbeitet er als Zimmermann in seiner spanischen Heimat. Immer wenn er genug Geld beisammen hat, fliegt er nach Zürich und fährt mit dem Zug weiter nach Lauterbrunnen. Für Oscar ist das der perfekte Ort, um sein Leben zu riskieren. Wieder und wieder, an guten Tagen ein Dutzend Mal. [...]

Unfassbar knapp über dem Boden zieht der Spanier seinen Fallschirm. Bei einer Fluggeschwindigkeit von bis zu 200 Stundenkilometern füllt sich dieser in Sekundenbruchteilen mit Luft. Ein lauter Knall scheppert zwischen den Steilwänden durch die Gegend. Oscars Körper wird mit brutaler Kraft abgebremst und durchgeschüttelt. Dann hängt er sicher am Schirm. [...]

Pro Jahr kommen zwischen 500 und 600 Basejumper ins Lauterbrunnental. Was sie machen, ist hier in der Schweiz ohne jegliche Auflagen erlaubt. Der Name Base setzt sich aus den Anfangsbuchstaben der englischen Wörter *Building*, *Antenna*, *Span* und *Earth* zusammen. Gebäude, Sendemast, Brücke und Boden. Kurz gesagt, Basejumper springen von allem, was hoch genug ist und nicht fliegt.

Der entscheidende Unterschied zum klassischen Fallschirmspringen ist die geringe Höhe. Normalerweise liegen 4 000 Meter zwischen Flugzeug und Boden, wenn die Skydiver von Bord gehen. Nach etwa 3 000 Metern im freien Fall ziehen sie den Hauptschirm. Gibt es ein Problem, bleibt ihnen ausreichend Zeit, das Problem zu beheben oder den Reserveschirm zu aktivieren. Basejumper haben keine Reserve dabei. Wenn sie ein Problem haben, ist es zu spät, noch etwas dagegen zu unternehmen. „Wir haben keinen Joker“, sagt Andrew, der Australier. [...]

Er hört sie oft, die Frage, warum er sich von Felswänden hinabstürzt. „Für mich ist das Freiheit. Absolute Freiheit. Wenn ich fliege, bin ich ganz bei mir. In diesen Momenten gibt es nichts außer mich und das Gefühl von Freiheit.“ Dann weicht auch schlagartig die Angst, die ihn jedes Mal wieder hinaufbegleitet. Das Herz schlägt schnell. Adrenalin pulsiert durch die Adern. Die Angst vor der Höhe ist tief im Menschen verankert. Der Körper steht in den Sekunden vor dem Sprung unter maximalem Stress. Nicht wenige scheitern, wenn sie oben an der Kante stehen. „Du musst dir hundertprozentig sicher sein“, sagt Andrew. „Wenn du zögerst, stirbst du. Da ist es schlauer, einfach mit der Seilbahn wieder runterzufahren. Dann wirst du nie dieses Gefühl von Freiheit haben, aber immerhin: Du lebst.“ [...] *(406 Wörter)*

Quelle: Andreas Kornes: „Ein winziger Fehler beim Base-Jumping, und du bist tot“, 24. 10. 2016, https://www.augsburger-allgemeine.de/augsburg/Ein-winziger-Fehler-beim-Basejumping-und-du-bist-tot-id39533577.html

Step-by-step approach

Step 1: Note taking

The task asks you to take a negative position; you need to give sound reasons using information from both texts for not wanting to do base jumping. At first, identify the negative points from each text then compare them. Some points could be in both texts. If that occurs, write the repeated points, too.

Negative points from Text 1	Negative points from Text 2
•	•
•	•
•	•
•	•
•	•
•	•
•	•
•	•
	•
	•

Step 2: Checkpoint

Compare your notes to the following example.
Have you found all the negative aspects in both texts?

Negative points from Text 1	Negative points from Text 2
• Danger starts at the beginning when you have to clear the object you're jumping off • No reserve parachute: low jumping height • If the main chute doesn't open, no time for a reserve one to open • Very dangerous • Every jump can easily be your last • Can't make any mistakes • Need special equipment • Can't do it everywhere – Dubai, USA (because of insurance), in Europe it's tolerated, but (e. g. in Germany) there is a lot of bureaucracy	• Huge risk to life with every jump • Stresses the body: adrenalin, braking with brutal force, body viciously shaken • No safety controls concerning where jumps occur • Low height – skydiving is at 4,000 metres • No time to fix problems – there's no second chance, unlike skydiving • No reserve parachute • Even an experienced jumper talks about immense fear • Unhealthy: raises heartbeat • Body under maximum stress • If you hesitate, you die

Step 3: Structuring your text

Look at the list of negative points and cross out any repetitions. Connect the points in note form under the categories given and fill in your ideas for a start and an end.

1 Introduction:
•
•
2 General points:
•
•
•
3 Specific points against:
•
•
•
•
•
•
4 Question your friend's image of base jumping:
•
5 End:
•
•

Step 4: Checkpoint

Compare your notes to the following example. Have you found all the key aspects? Decide whether you did well (☺) or if you need to improve your results (☹).

	☺ ☹
1 Introduction:	
• Don't wish to do it	
• Parachute jumping is relatively safe compared to base jumping	
2 General points:	
• High risk to life: every jump is very dangerous	
• It's dangerous from the very beginning – clearing the object	
• No control over where jumps can occur: no safety controls/ bans and restrictions in some countries	
3 Specific points against:	
• No reserve parachute	
• Even if there was, there's no time for one to work due to low jumping height	
• No second chance; if you hesitate, you die	
• Unhealthy: raises heart rate dramatically	
• Body is under extreme stress	
• Fear is experienced, even by experts	
4 Question your friend's image of base jumping:	
• Influenced by reports about feeling free and alive which give the wrong impression	
5 End:	
• Dangers and the unregulated situation put me off: too risky	
• Not interested in doing it	

You are writing an email to a friend so short forms are allowed. You may use your points in any order to produce a flowing email. **Tip**

Step 5: Example answer

Hi Emily,

I'm sorry, but parachute jumping appears relatively safe compared to base jumping. Don't you think that you're just being influenced by reports where people tell you how great they feel when base jumping? That may be true but have you considered the dangers? They begin almost immediately when you have to run and clear the object you're jumping off, otherwise you're too close to it.
When you jump, you don't have a reserve parachute, either. At first I wondered why not, but then it's obvious: you're too low for one when you jump. If the main parachute doesn't work, there is no time for a reserve one to open. This sport is exceedingly dangerous and every jump could easily be your last.
You can't make mistakes base jumping – you don't have a second chance. If you hesitate, you die. Base jumpers may not be scared of dying but I am.
Base jumping also puts a huge strain on your body. It raises your heartbeat to an unhealthy level and even experienced jumpers speak of immense fear before actually jumping. And, when landing, the braking force on the body is brutal and it's shaken viciously before touching the ground.
Did you know that the sport is largely unregulated, too? In some countries there is no one really controlling where you can jump, which increases the risks because unlike skydiving, there are no safety regulations enforced. Other countries ban it completely, because of its dangers.
I'm sorry but there's no way that I'm going to risk my life for some "fun". So, no, I'm not interested in doing it.

See you soon,
Simon *(273 words)*

Auslandsstudium – Chancen und Probleme

Task You have told an American friend that you would like to study in the USA after finishing school. While searching for further information, you have come across the following text and flyer.
Write an email to your friend. Explain the disadvantages and problems of studying in the USA and the advice the text gives. Furthermore, you have decided to go to the meeting the flyer advertises and want to tell your friend about your expectations.
Write about 250 words.

Material 1 **Fürs ganze Studium ins Ausland?**

[...] Kommen eigentlich viele auf die Idee, dem Studentenansturm in Deutschland zu entgehen, indem sie ihr Bachelorstudium komplett im Ausland absolvieren? [...]

Ihre niederländische Hochschule machte es Christin Heldermann leicht: Zum Beispiel hat sie eine deutsche Internetseite, und im Studentensekretariat gibt es eine extra Abteilung für deutsche Bewerber. Die Laufbahnberaterin Julia Funke warnt trotzdem davor, den organisatorischen Aufwand zu unterschätzen. Seit vielen Jahren berät sie Abiturienten zu Themen wie Studienwahl und Karriereplanung. Mit einem Studium komplett im Ausland hat sie durchwachsene Erfahrungen gemacht. Es gebe zwar vereinzelt ausländische Universitäten, die Deutschen eine Bewerbung relativ problemlos ermöglichen, wie etwa Hochschulen in der Nähe der deutschen Grenze und Ausnahmen wie die Semmelweis-Universität in Budapest.

In der Regel sei der bürokratische Aufwand aber hoch. Zum Beispiel müssen Zeugnisse übersetzt und Motivationsschreiben von Lehrern erstellt werden. Das gelte vor allem für Länder außerhalb der Europäischen Union. Mindestens ein Jahr Planung sei in der Regel erforderlich.

Außerdem sei ein Auslandsstudium nicht in jedem Fach zu empfehlen. In Jura, den Lehramtsfächern, Medizin oder Pharmazie sollten Abiturienten sich den Schritt ins Ausland gut überlegen. Das gilt zumindest dann, wenn die Studenten anschließend wieder in Deutschland arbeiten wollen. Häufig sei ein deutsches Staatsexamen Pflicht. Bewerber sollten sich hier vorher genau erkundigen, ob der ausländische Abschluss in Deutschland anerkannt ist. Weniger

Probleme dürften Studenten dagegen in den Natur- oder Wirtschaftswissenschaften haben.

Ob ein Auslandsstudium eine gute Idee ist, hänge schließlich auch davon ab, was für eine Karriere Abiturienten vorschwebt. Wer später in einer internationalen Organisation oder einem global agierenden Unternehmen arbeiten will, kann von einem Studium komplett im Ausland profitieren.

Bei deutschen Mittelständlern hätten es Berufseinsteiger jedoch häufig schwer. „Viele Unternehmer können den ausländischen Abschluss nicht richtig einschätzen", sagt Funke. Da käme schnell die Frage auf: Kann der überhaupt, was er soll? Heldermann hatte mit ihrem Abschluss aus den Niederlanden bei der Jobsuche in Deutschland keine Probleme. Allerdings arbeitet sie auch in Hamburg in einem internationalen Unternehmen. „Mein Auslandsstudium war da eher ein Pluspunkt", erklärt sie. Trotzdem: Auf die leichte Schulter sollte niemand ein Auslandsstudium nehmen, findet auch Heldermann. „Man muss schon anpassungsfähig und selbstständig sein." *(345 Wörter)*

Quelle: Kirstin Kruthaup, „Fürs ganze Studium ins Ausland?", 17. 08. 2013, https://www.abendblatt.de/wirtschaft/karriere/ausbildung/article119116698/Fuers-ganze-Studium-ins-Ausland.html

Material 2

Quelle: © d.a.i. Tübingen

Step-by-step approach

Step 1: Note taking

The email you are asked to write should contain information only to do with studying in the USA: drawbacks, problems and any advice, plus an outline of the information you hope to get at the event.
Note down the key aspects your answer should contain using bullet points in English about the categories given. This will help you focus on what is important and relevant.

1 Beginning:
•
•
2 Drawbacks of studying in the USA:
•
•
•
3 Problems associated with applications and USA:
•
•
•
4 Advice:
•
5 Information expected from the event:
•
•
•
•
•

•
•
6 Other relevant point(s):
•
7 End:
•

Step 2: Checkpoint

Compare your notes to the following example. Have you found all the key aspects relevant to the task? Decide whether you did well (☺) or if you need to improve your results (☹).

	☺ ☹
1 Beginning:	
• Writing to say I've started looking for information and what I've discovered so far and what I'm going to do	
• Saw the flyer and article	
2 Drawbacks of studying in the USA:	
• Not every subject is recommended for studying abroad, e. g., law, teaching, medicine, pharmacy	
• I may need German exams after finishing studies abroad	
• Some German firms have problems assessing foreign qualifications – disadvantage when applying for a job	
3 Problems associated with applications and USA:	
• I need a long time to plan – recommended one year	
• There's a lot of organising to do	
• There's a lot of bureaucracy involved: school reports to translate and teachers need to write references which will need translating, too	

4 Advice:	
• Need to think carefully about choices especially if I plan to return to Germany to work	
5 Information expected from the event:	
• Costs	
• Visa	
• Application process	
• Tests needed	
• How to choose a university	
• Financial support available	
• Many other things from the former students who have studied in the USA	
6 Other relevant point(s):	
• Need to check if USA qualifications are recognised in Germany	
7 End:	
• I'll write again – bye	

Tip

You are asked to write an email to a friend, therefore short forms are acceptable.
Remember, this mediation is not a summary. You must use the relevant information from both sources for a different purpose – an email to a friend.

Step 3: Example answer

Hi,

I've started doing my homework about studying in the USA and I thought I'd tell you what I've discovered so far.
An article I read mentioned that subjects such as law or teaching, for example, are not recommended for studying abroad, therefore I need to think very carefully about what I want to study, especially if I wish to return to Germany to work. I might need to take some German exams afterwards and apparently some firms have a problem assessing foreign qualifications, which doesn't help you when you want a job. I think I'll need to check whether the US qualifications I'll gain are recognised in Germany, too.
It's recommended that you make certain you have a long time for the preparations, about a year. There's a lot of organising to do, such as getting school reports translated, and my teachers have to write references which, I guess, will need translating, too.
I saw a flyer about an event concerning studying in America and I intend to go there. It deals with many things: the costs and the financial support available, my visa, how to choose a university and the application process, and what tests are required. What I like, as well, is that there will be former students present who will talk to me about their experiences and answer any questions I have about studying in America.
I'll write again after the event and let you know what I've discovered and what I'm going to do.

Bye *(250 words)*

Travelling Today

Environmental Impact of Tourism

Text

[…] Tourism has effects beyond the fuel burnt simply getting on holiday in the first place and many of them are much more immediately visible than the more sinister and intangible threat of emissions. In many places, the physical environment can be heavily affected by the passage of tourists, especially for popular destinations, where the sheer weight of numbers of people visiting can simply prove too much. Often as a tourist venue becomes better known, a round of building work follows the accompanying expansion of the original settlement, usually to the detriment of the local environment – which can often have been the reason for its popularity in the first place. More hotels and more restaurants inevitably mean more strain on the local infrastructure, but they also mean more light pollution too. This is not simply about no longer being able to see the stars so easily. In some parts of the world – the Greek Islands being a well-known case – restaurants along the beaches are very popular tourist draws, but their light-spillage confuses hatching sea-turtles. The young hatchlings are programmed to head for the brightest thing they can see – in nature, the water's edge – and safety. When they follow their age-old instinct today, they are as likely to be heading in exactly the opposite direction – and Tavernas offer no refuge from cats or predatory gulls.

The over-usage problem is not restricted solely to seaside resorts, nor just to foreign holiday destinations. Many of the most popular of Britain's National Parks, mountain paths and forestry walks exhibit the signs of wear and tear – eroded paths, excessive litter and general damage – often not intentional, but unwelcome nevertheless. It is perhaps one of the great ironies that the growing numbers of people looking to reconnect with nature and holiday at home to avoid excessive carbon costs, may unwittingly be contributing to one problem, while trying to solve another.

Seasonal influxes of tourists also place additional demands on local resources, particularly in remote and poorer parts of the world. Water, energy and food, for example are often used much more frugally than in the west – the average tourist generally requiring far more than what would constitute a "fair share" by the standards of the region. Even where the infrastructure exists to meet this demand – and in many places it does not – often the end result leads to a gradual environmental deterioration unless significant new investment follows in the wake of the tourist-boom. It does not take too much additional water extraction from watercourses or groundwater to begin to see changes to rivers and wetlands; in the same way demands for energy which are met with hydro-electric schemes can themselves have their effect on aquatic habitats.

Tourism also increases the pressure on the arrangements for managing waste and wastewater. Even in the developed world, this can be a significant issue, especially if the resort has a naturally small year-round population, since it is unlikely that the original facilities have been made large enough to cope with the additional load placed on them during the season.

The problem is far worse for many developing countries, where the existing infrastructure is often heavily under-resourced and struggles to cope with the indigenous demand; treatment and disposal routes can be significantly stretched by the extra burden of the tourist industry. It is almost impossible to avoid having some kind of negative environmental impact when you travel and it is certainly not all about flying. The very act of going on holiday – however you go – inevitably means that you will cause some kind of damage and make some demands on local resources – however slight. However, being aware of the sorts of things which cause the biggest problems enables you to begin to avoid doing them, which is a positive step in itself. While you may not be able to get around doing harm altogether, you can at least minimise how much you do – and knowing where to start is half the battle.

Tourism can undoubtedly bring benefits to an area protecting pristine habitats and conserving cultures and wildlife in some of the world's poorest countries and revitalising regions within developed nations where traditional industries have declined, but it often comes at a cost. This effect is, of course, most keenly felt in the developing world where the stark juxtaposition of affluent consumerism with subsistence lifestyles jars most noticeably. As a holidaymaker it is impossible to avoid the simple truth that the loose change lying forgotten in your bag would feed many of the local people for the best part of a week. If you notice their poverty, how can they fail to notice your wealth? The more well-attuned your social awareness, the more difficult it is to ignore that tourism is essentially rooted in this inequality. However, there are more problems than simply forcing people to come face to face with that particular reality.

It is not simply the disparity of economic influence which can affect tourist areas. Other factors such as the collapse of traditional lifestyles, values and moralities can also be influenced and eroded by contact with travellers from different lands. This issue is, however, a difficult one. As the age-old adage tells us "travel broadens the mind" and this is often taken to mean that by going to other countries and experiencing their ways, we become more open and accepting of doing things differently ourselves.

The problem is that this is, inevitably, a two-way street; if we are open to learn from the meetings we have with other cultures and societies on our travels, why should they be any the slower to assimilate some of our values? [...] One outcome is mounting dissatisfaction and disaffection; the other is the gradual disintegration of a way of life which in many cases was the reason tourists came in the first place. [...] *(969 words)*

From: Environmental Impact of Tourism: By Dr Gareth Evans – 30 Jan 2017; http://www.ecoholidaying.co.uk/

Task 1 Outline the problems of holidaymaking as mentioned in the text.

Task 2 Examine how the author presents his information and the possible effect this has on the reader.

Task 3 On a travel website for young people, you have come across the following quote: "To travel is to discover that everyone is wrong about other countries" (Aldous Huxley, English writer, 1894–1963). Write an entry for the comment section of the page in which you discuss whether the quote is still appropriate in today's digitalised world.

Task 1

Step-by-step approach

Step 1: Note taking

Read the text again and highlight all the problems mentioned. Note your findings as bullet points. You also need to include a short introduction which states the subject being written about and the source of the information.

1 Introduction:
•
2 Negative effects of tourism:
•
•
•
•
•
•

Step 2: Checkpoint

Compare your notes with the following example. Did you find all these aspects or do you need to look more closely at the text?
Decide whether you did well (☺) or if you need to improve your results (☹).

	☺	☹
1 Introduction:		
• Topic sentence: source, author, topic		
2 Negative effects of tourism:		
• Emissions		
• Quiet resorts attract more people and expand as they become better known – pressure on infrastructure and nature		
• Light pollution affecting creatures		
• Water, energy and food resources are strained during holiday periods (especially in poor areas)		
• More wastewater and rubbish created		
• Traditional ways of life affected and eroded by contact		

Tip Remember that the assignment "outline" requires you to focus on the main aspects of a text, in the case of this task on the problems associated with holidaymaking. So, you should leave out all examples or interpretations in your answer. You should also use your own words as far as possible. As to structure, it makes sense here to first mention the environmental problems of travelling and then add the potentially troubled contact between tourists and locals.

Step 3: Example answer

In his article, "Environmental Impact of Tourism", published on the website www.ecoholidaying.co.uk in January 2017, the author Dr Gareth Evans highlights the true costs of holidaymaking on destinations.

When looking at the damage tourism does, emissions from travelling are only the tip of the iceberg in environmental terms. Tourism also puts a huge strain on the regions the travellers come to. Particularly in secluded and not densely populated areas, an influx of tourists means that existing infrastructure is being overtaxed and more accommodation is required. Building projects not only destroy nature, the light from hotels or restaurants also disturbs creatures in their natural habitat.

A higher number of people also means a higher demand for resources: water, energy and food are often stretched, particularly in poorer parts of the world. Additionally, as a result of the seasonal increase of people in an area, there is more waste water and rubbish to be dealt with.

However, these environmental concerns are not the only problems Evans mentions. The contact with obviously wealthy tourists leads locals to be dissatisfied with what they have, which in turn causes a change in their values, morals and their traditional way of life. *(196 words)*

Step-by-step approach

Task 2

Step 1: Note taking

Go through the text again and find suitable bullet points to fill in the following table. These bullet points will later help you to structure your answer.

1 Introduction: Dr Gareth Evans's approach and aim:	
•	
2 Main part: Methods adopted to achieve that aim:	**Effect:**
• Structure/content:	
• Choice of words:	
• Choice of examples:	
• Stylistic devices:	
• Addressing the reader:	
3 Ending: Overall effect on the reader:	
•	

Step 2: Checkpoint

Compare your notes with the following example. Do your notes reflect the points mentioned here? It is possible that you have found other points to include, too.

1 Introduction: Dr Gareth Evans's approach and aim:
• Raising awareness, informing, without criticising or blaming the tourist

2 Main part: Methods adopted to achieve that aim:	Effect:
• Structure/content: playing with the expectations of the readers (flying as the main negative side effect of tourism) and contradicting them (many more problems)	→ raising awareness: environmentally friendly holidays problematic, too
• Choice of words: use of adjectives and adverbs, employment of negatively connoted words	→ stress the importance of points mentioned → negative atmosphere
• Choice of examples: turtles confused by light pollution (cf. ll. 14–18), loose change in one's pocket enough to feed many locals for a week (cf. ll. 67–70)	→ gain readers' sympathy → create a sense of guilt
• Stylistic devices: repetition (cf. ll. 9–11), irony (cf. ll. 23–26, 84–86), rhetorical questions (cf. ll. 70, 81–83)	→ stress message → contradict idea of "ecotourism" → shake up conscience of travellers
• Addressing the reader: generally no direct addresses to the readers, but exceptions (cf. ll. 49–61, 67–72, 77–83)	→ stress everyone's personal involvement and responsibility
3 Ending: Overall effect on the reader:	
• Readers might be more aware of the problems without feeling pressured to change anything	

Tip To structure your findings into a coherent text, consider the following questions: What is the author trying to communicate (main message)? How is the author trying to achieve his aim (methods adopted and effects of each)? How you order your evidence from the text is up to you, but it makes sense to group together devices with a similar intended effect. Finally, you should summarise your findings and come to a general conclusion.

Step 3: Example answer

In the extract from "Environmental Impact of Tourism", the author, Dr Gareth Evans, appears at first glance to be taking a neutral look at the topic. His approach is to open the reader's eyes to some worrying issues, which few people are aware of, without being overcritical or judgemental of what is happening. Still, he wants to show his concern and would like readers to react in a similar way.

Most people understand that emissions from planes and other forms of transport are harmful, but few realise that tourism has many other negative side effects, too. Dr Evans structures his article in a certain way as to play with the readers' expectations and raise their awareness for the issues that are usually overlooked: while he does mention the "fuel burnt" (l. 1) and the "intangible threat of emissions" (l. 3) in the first sentence, he dedicates the rest of his article to the less known effects of tourism, like the strain it has on resources, its social consequences, etc. Thereby, readers who might have thought themselves environmentally aware learn how many more problems have to be taken into account.

Through his choice of adverbs and adjectives, Evans stresses the importance of the problems holiday destinations are faced with. For example, in line 5 he mentions the "weight of numbers" but puts immense emphasis on this by adding "sheer". This method of drawing attention to facts is repeated throughout the extract: Evans speaks of "<u>excessive</u> litter" (l. 22), tourists demand "<u>far</u> more" (l. 30) resources than locals, "infrastructure is [...] <u>heavily</u> under-resourced" (ll. 45/46) and there is a "<u>stark</u> juxtaposition" (l. 66, all emphases added) of the tourists' wealth with the native inhabitants' poverty.

Not only do these grading adjectives and adverbs put emphasis on the issues Evans wants to bring to people's attention, his article is also rich with negatively connoted words, which help to drive home his message of the environment being endangered: examples can be found throughout the text, e. g. "sinister" (l. 3), "threat" (l. 3), "detriment" (l. 8), "strain" (l. 10), "pollution" (l. 11), "over-usage" (l. 19), "deterioration" (l. 33), "pressure" (l. 38), "load" (l. 42), "struggles" (l. 46), "burden" (l. 49), "harm" (l. 59), "disparity" (l. 74) as well as the triad of "dissatisfaction", "disaffection" and "disintegration" in lines 84 and 85.

Repetition is applied for a similar reason: in lines 9 to 11, "more" is used four times. Not only is the sentence, "<u>More</u> hotels and <u>more</u> restaurants inevitably mean <u>more</u> strain on the local infrastructure, but they also mean <u>more</u> light pollution too." (emphases added), another impressive example of the burden tourism places on holiday destinations, it also shows that effects can be accumulative, and rather hidden side effects compound the obvious problem of construction activities.

Evans furthermore tries to gain the readers' sympathy in order to convince them to see things in the same way he does. For this aim, he chooses specific examples that are intended to create an emotional response: when he mentions the sea-turtle hatchlings and their vulnerability in lines 14 to 18, people automatically visualise them scrambling towards the sea and everyone hopes they succeed in their dash to safety. Secondly, when he writes that people's loose change could feed many local people for a week (cf. ll. 67–70) and that tourists take more than their "fair share" (l. 30) of things, he is also playing on the reader's emotions and creating a sense of guilt.

In the paragraph from line 19 to line 26, the author pre-empts any eco-tourist saying that these things do not have anything to do with them because they take green holidays by showing that everyone leaves a tourist footprint, even those people who would just like to walk in the mountains. There is a touch of irony in what he writes here: similar to the proverb, "the road to hell is paved with good intentions", people who travel locally and want to enjoy nature do not foresee the consequences of "wear and tear" (l. 21) their holidays have.

In line 70 and lines 81 to 83, the author provides the reader with two rhetorical questions to consider: the first one juxtaposes local poverty with tourist wealth. Even a student backpacker would probably seem immensely rich to some of the locals and even the attitudes most travellers pride themselves on, like open-mindedness and an interest in foreign cultures, can have negative side effects, as can be concluded from the second rhetorical question. Therefore, these questions are once more intended to shake up travellers and make them aware of the cost of even their seemingly exemplary ways of travelling.

These are also two of the most striking instances where the reader is directly addressed. Especially in the second half of his article, Dr Evans somehow deviates from the initially very factual evidence-based style of his text and uses many first and second person pronouns to show that both he himself and his mostly Western world readership are at the root of many ecological problems (cf. ll. 49–61, 67–72, 77–83).

Still, Dr Evans does not criticise anyone in particular. Generally, his tone is informative rather than accusatory. Whether anyone will change their holidays as a result of reading his article is doubtful but if some people take more care about where they are and what they do, then perhaps Dr Evans has achieved something positive. *(904 words)*

Step-by-step approach

Task 3

Step 1: Note taking

Prepare your entry by considering first how you wish to structure it. Use bullet points to organise your information in each section.

1	Introduction:
	•
	•
2	Main part:
	•
	•
	•
3	Ending:
	•
	•

Step 2: Checkpoint

Look at the example of how an entry to a comment section could be structured and compare it to your own. Before writing your comment, review your bullet points and see if any could be expanded or additional ones made. Remember, there is no right answer to this task because it involves your own thoughts.

1	Introduction:
	• Explanation of the quotation
	• Connection to today's digitalised world
2	Main part:
	• Travel seems less necessary than before because technology makes information on every place instantly available

• But: selectiveness of information, importance of experiencing things first-hand, random experiences
• Discovering the truth and formulating one's own opinion, especially important in a world of "fake news" and selective reporting
3 Ending:
• Huxley's quote very relevant today
• Travel – it is cheap and easy and you experience what is real

Tip **As you are writing an entry for the comment section of a website for young travellers, you should write from a personal perspective and in a way that is appropriate for young readers.**

Step 3: Example answer

Frank, 16/04/20xx

Aldous Huxley expresses the view that you need first-hand experiences of a place in order to lose prejudices and preconceived ideas that you might have about it from other sources. Huxley is best known for his book *Brave New World* and to some extent, as a young person, I feel my generation is facing its own "brave new world", as technology rapidly advances and overwhelms us with endless opportunities.

In our digitalised and globalised world, Huxley's quote sounds rather outdated because we seem to be much closer to formerly faraway places: we chat with people from around the globe, we can get instant news from almost everywhere and we quite literally have the world at our fingertips. This constant availability of information carries the danger of young people never leaving their own local area or comfort zone because we tend to think that we do not need personal exposure to the world, which we seemingly know so well.

However, what we experience is highly selective: we either see what the media deems important or spectacular enough for us to see or we see only what we ourselves choose to see. For instance, if we wish to find out what the Serengeti is like, we can simply view it on a screen or perhaps experience it with a VR headset. However, we will lack the physical awareness of it – the smells, the immense size, the distance to get there, the weather and how the day suddenly changes to night and the predators begin to hunt.

Not only this, but we will not really get an insight into what life in Africa is like. In other words, random experiences are never gained. Meeting local people face to face, finding out about them and their views or discovering exactly how they live and what their food tastes like is something that cannot be experienced through the Internet.

We can chat to others on the far side of the world and hear about their exciting lives – but what they say could be greatly exaggerated. One has to only view someone's online profile to establish this; after all who wants to be boringly normal? Social media puts people in touch with each other but only through meeting someone face to face will the real person behind the words be discovered.

Finding out what the truth is, therefore, and what is not is becoming increasingly difficult. We live in a world where "fake news" and biased or selective reporting are omnipresent. We are being constantly exposed to this, and a mass of other information, too, which makes authenticity difficult to judge.

What Huxley is really saying is that you need to see things for yourself in order to assess whether what you have been told about a country is true or not. Consequently, I feel the quotation is very appropriate to young people today. And, perhaps even more so because there are endless opportunities to experience things first hand. Why look at the sights and sounds of London, for example, digitally, when you can travel there yourself fairly easily? My advice to other young people would be, "Go to places and find out about them, don't rely on what you see on a screen that someone else has chosen for you". *(547 words)*

Britain's Diversity

Text **The Tough Questions on Social Integration are Being Ducked**

Our laws and values should protect every single person in Britain – and that just isn't happening.

Last year, when I began looking at the challenges of social integration – how well we get on with each other but also how well we get on compared to each other – I thought I knew what I would find. After all, it's action we've been lacking, not analysis.

I thought I would find evidence that black and minority ethnic groups are still suffering from discrimination and disadvantage. Sadly, that's true, whether for young black men in the criminal justice system or Bangladeshi women in the workplace. So despite the huge progress made in recent years, there is much more to do. I have therefore made a series of recommendations to the prime minister about targeted action which can help achieve that – with a focus on education, English language skills, empowerment and employment.

I also thought I would see some of the difficulties of being a Muslim in 21st-century Britain. And I certainly saw that too. A vicious circle seems to exist whereby some Muslims feel they are being blamed for terrorism, extremism and everything else that is going wrong in the world. In turn, that's causing some to withdraw into their own communities, leading to suspicion, mistrust and hostility on all sides, and exacerbating disadvantage.

A new integration strategy has got to help break that cycle. British Muslims, like all British citizens, deserve to know that the government is as interested in their wealth and well-being as they are in security and safeguarding.

But here's what I didn't really expect to find. As a nation, we are becoming ever more diverse, increasingly integrated, and more at ease with that difference too. Yet some communities are becoming more segregated at the same time. In some council wards, as many as 85 % of the population come from a single minority background, and most of these high minority concentrations are deprived Pakistani or Bangladeshi heritage communities.

But there's more to it than that. I have also seen and heard that this sense of retreat and retrenchment can sometimes go hand in hand with deeply regressive religious and cultural practices, especially when it comes to women. These practices are preventing women from playing a full part in society, contrary to our common British values, institutions and indeed, in some cases, our laws.

Of course, socially conservative views are often associated with more devoutly religious groups, such as my own Irish Catholic heritage. But on the whole that community has moved on. British values of tolerance, inclusion and equality for all are part of what makes Britain such a wonderful place to live. We should expect everyone – whether born here, living here for decades, or recently arrived – to accept and abide by them.

Yet I've met far too many women suffering the effects of misogyny and domestic abuse, women being subjugated by their husbands and extended families. Often, the victims are foreign-born brides brought to Britain via arranged marriages. They have poor English, little education, low confidence, and are reliant on their husbands for their income and immigration status. They don't know about their rights, or how to access support, and struggle to prepare their children effectively for school. This is far from everyone's experience of course, but even one woman in such a situation is one too many, and these were not isolated incidents that I saw.

I've also met many brave women – and men for that matter – who are working to help change these communities from within, helping victims, speaking out about abuse and gradually changing attitudes. They have inspired in me a conviction that these issues of patriarchy and inequality in some minority communities are issues we can no longer ignore. That means more resources to develop specialist services.

But we also have to be prepared to have some tough conversations. Too often leaders and institutions have ducked these difficult issues. Not because they thought white women were more worthy of help, but for fear of being labelled racist or insensitive. Yet when we do that it isn't good for race relations or for women. [...]

A failure to talk about this only leaves the ground open for the far right on one side and Islamist extremists on the other. These groups are ideologically opposed to each other, but actually share the same goal: to show that Islam and modern Britain are somehow incompatible. They are, of course, wrong.

We have always been at our strongest when most united. We are better for being open and inclusive. Every person, in every community, in every part of Britain, should feel a part of our country and have every opportunity to succeed in it. There can be no exceptions to that by gender, colour or creed. Those are our rights. Those are our values. That is our history. It must be our future too.

(801 words)

From: Louise Casey, 04. 12. 16, https://www.theguardian.com/commentisfree/2016/dec/04/tough-questions-social-integration-laws-values-every-person-britain,

Cartoon

© Schley Karsten; Cartoonstock.com

Task 1 Sum up the problems Louise Casey identifies in Britain's integration of minorities and the responses she suggests to solve these.

Task 2 Analyse the cartoon and relate it to the article.

Task 3 Imagine that you are moving to the USA. An American friend living in the same city that you are going to has told you about a German community there and suggested it could be a good place for you to live, too. You have reservations about this. Write an email to your friend in which you express your views.

Step-by-step approach

Task 1

Step 1: Note taking

Note down points that are relevant to the task under two headings: Problem and Response.
Complete the bullet points.

Problem	Response
•	•
•	•
• • •	• •
•	•
•	•

Step 2: Checkpoint

Did you find all these points? If not, look closely at the article once again.

☺ ☹

Problem	Response	
• Discrimination and disadvantage continue in spite of improvements	• Written to PM: education, language, empowerment and jobs are the solution	
• Muslims feel blamed for terrorism and extremism resulting in withdrawal, further suspicion, mistrust and hostility	• New strategy needs to be developed by the government to integrate Muslims into British society	
• Integration fails in some areas • Retreating and parallel societies ignoring British ways and laws • Foreign-born brides are particularly badly treated and kept from integrating	• Everyone should accept British values and laws • Specialist services to change segregated communities from within	
• Politicians and institutions have avoided the real problems because of fear of being labelled racist	• Necessary to address the problems so that extremists don't prevail	
• Laws and values are not protecting everyone	• Advocates that every person should be able to feel British and part of the country	

Tip Structure your answer. There are two approaches to this task: You could write about all the problems first and then focus on the responses. However, combining the problems with the respective responses might create a more cohesive answer.

Step 3: Example answer

In her article, "The Tough Questions on Social Integration are Being Ducked", published in *The Guardian* in December 2016, Louise Casey writes about the problems which still exist in Britain's approach to cultural diversity. Although progress has been made concerning integration, the harsh reality is that discrimination continues and certain ethnic minorities are still disadvantaged. Casey sees education, language skills, empowerment and jobs as key areas where action must be taken and she has written to the prime minister to suggest this.

The author is especially concerned about the Muslim community. Currently, some of its members feel they are unjustifiably being blamed for terrorism and extremist actions. As a result, many Muslims are withdrawing into their own communities, which makes them seem even more suspicious. Casey believes that a new government strategy needs to be developed to integrate this religious group and thereby stop the vicious circle of blame and isolation from spiralling out of control.

While in general, the British population has become more diverse, this is not true for some communities where parallel societies have developed. In these, up to 85 % of the population stem from one particular ethnic group and often the inhabitants do not feel the need to integrate and adhere to British cultural practices. Casey especially deplores the abusive treatment of women. Foreign brides who have had arranged marriages are especially vulnerable because they lack the knowledge and confidence to demand their rights. Casey wants everyone to accept British values and laws and believes that the situation in these segregated communities needs urgent attention. In her opinion, specialist services need to work within these communities for long-term results.

The author criticises the government and other institutions for not openly speaking up against these problems of failed integration. In her opinion, they tend to hush up the issues because they are worried that they might be labelled "racist" otherwise. As Casey sees it, this conflict avoidance ultimately encourages both Islamist extremism and British nationalism.

At the start of her article, Louise Casey points out that British laws and values are failing to protect everyone regardless of colour or creed. In her summary she responds to this statement by writing that according to the image Britain has of itself, everyone living there should be able to feel a part of the country and be equally valued. *(390 words)*

Task 2 Step-by-step approach

Step 1: Cartoon description

Make notes on the details marked on the cartoon. Concentrate on the following questions: Who are the characters? What are they doing, saying or how are they feeling? Is there symbolism to certain details?

Step 2: Checkpoint

Compare your own notes with the following and check whether you have noticed the most important aspects.

Step 3: Cartoon interpretation

After describing the cartoon, you should be able to identify its overall message and place it in a larger context. The task also asks you to link the cartoon to the article, so you should include text references that also deal with the topic at hand. Answer the following questions in order to prepare for your writing.

1	What is the cartoon's overall message? / What is the cartoonist trying to communicate / criticise / show?
2	What are larger topics the cartoon alludes to?
	• • •

3 Which parts of the text deal with similar issues? Give line numbers and summarise the relevant paragraphs in keywords.
•   •

Step 4: Checkpoint

Compare your own answers to the following notes. Have you found similar points?

1 What is the cartoon's overall message?/What is the cartoonist trying to communicate/criticise/show?
Prejudging all Muslims as terrorists
2 What are larger topics the cartoon alludes to?
• Integration   • Prejudices   • Terrorism
3 Which parts of the text deal with similar issues? Give line numbers and summarise the relevant paragraphs in keywords.
• ll. 12–17: vicious circle of mistrust and isolation   • ll. 58–61: prejudices support extremism

Tip Your answer should combine the three steps of describing what the cartoon shows, why the cartoonist has chosen these elements and how the message of the cartoon fits to the article.

Step 5: Example answer

The cartoon shows three figures, two men and a woman. The woman is portrayed as a foreigner, most likely a Muslim, since she is wearing a headscarf and has slightly darkened skin. She is clearly pregnant and her face expresses horror or shock. The reason for this seems to be that she is being confronted by the two men. The man in the foreground has a police identity card with him and is in the process of showing it to the Muslim woman. The man in the background appears to be keeping watch. Due to the fact that both men are dressed casually, the cartoonist has seemingly characterised them as undercover police officers. The scene takes place in a rather poor environment, maybe a dark backstreet, as can be concluded from the rubbish and dirt on the pavement. The reason why the two policemen have stopped the woman becomes apparent in the words of one of them: he refers disrespectfully to the woman's unborn child as a "brat" and then continues to say that they are going to arrest it because it "might be a potential terrorist".

The cartoon clearly criticises victimisation and pre-judgement on the grounds of religion and ethnicity. An innocent, fearful woman who is pregnant with an even more innocent baby is confronted in a threatening and offensive way by two policemen apparently for the simple reason that she is a Muslim and has dark skin. While this situation is clearly exaggerated, it alludes to the widespread fear of terrorist attacks in western countries. In recent years, many of these attacks have been carried out by Islamist extremists, which has led some people to the simplifying and discriminatory claim that all Muslims are terrorists.

Louise Casey also mentions this universal suspicion in her article. She calls it a "vicious circle [...] whereby some Muslims feel they are being blamed for terrorism, extremism and everything else that is going wrong in the world" (ll. 13–15). As a consequence, the rejection they are met with from the very start leads them to behave all the more suspiciously, namely by "withdraw[ing] into their own communities" (l. 16) and rejecting British culture, just as the British seem to reject theirs.

Louise Casey also hints at the dangers lurking behind this prejudiced attitude towards Muslims: by apparently "show[ing] that Islam and modern Britain are somehow incompatible" (ll. 60/61), people who disapprove of Muslims only drive them to isolation and prevent successful integration. Terrorists in turn actually profit from such a climate of mutual distrust and hatred.

In conclusion, both the article and the cartoon address the current problematic attitude of discriminating against Muslims for fear of them being extremists. While the cartoon merely shows Muslims as the victims of discrimination on religious grounds, the article takes things further. It also shows possible consequences for society at large. All in all, both materials seem to call for a sensible, less fear-driven and instead open-minded inclusive attitude towards diversity.

(496 words)

Task 3 Step-by-step approach

Step 1: Brainstorming

Collect some ideas that could come up in your email. You should focus on the cons of joining an established community, but you can also name pros and refute them later. Draw a conclusion of what you finally intend to do.

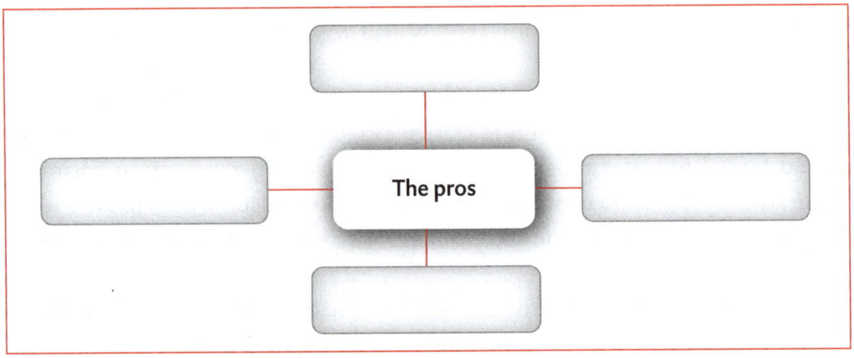

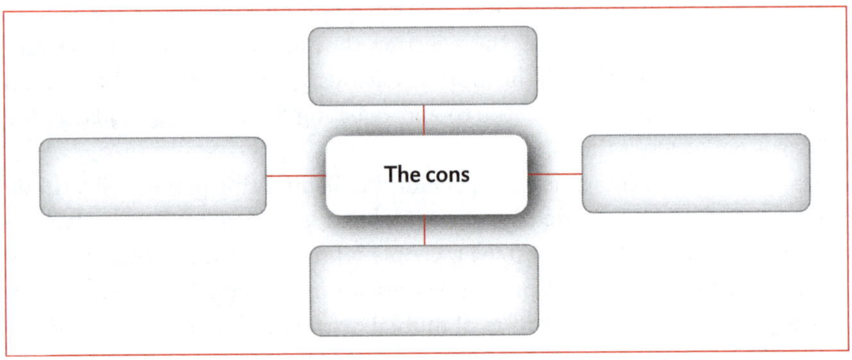

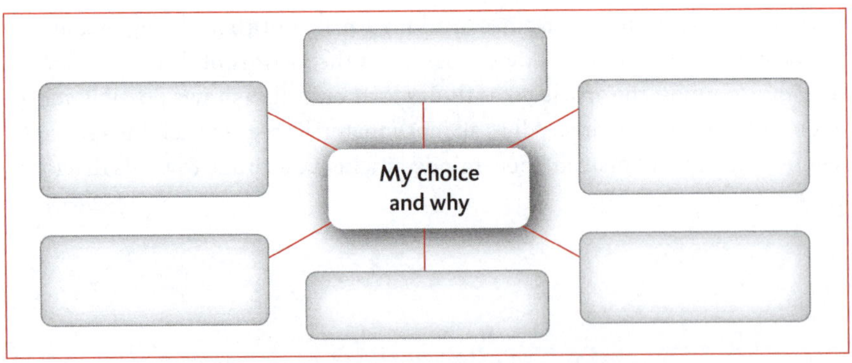

Step 2: Checkpoint

Of course, you can come up with different ideas, but some example points are given.

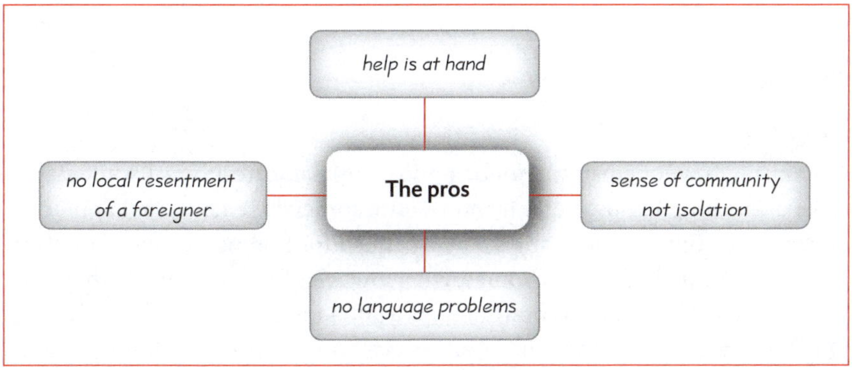

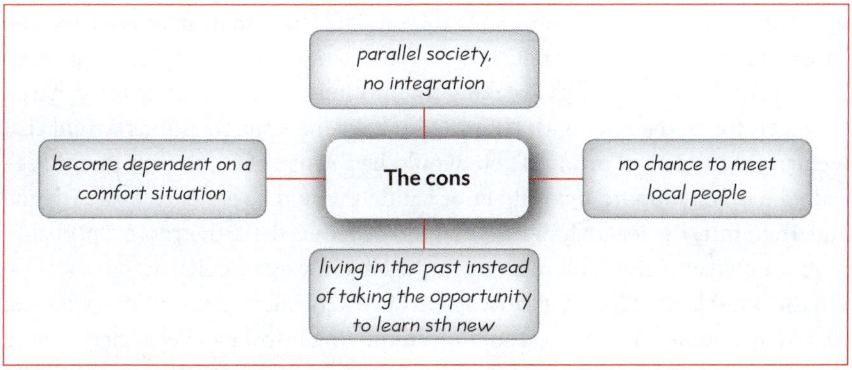

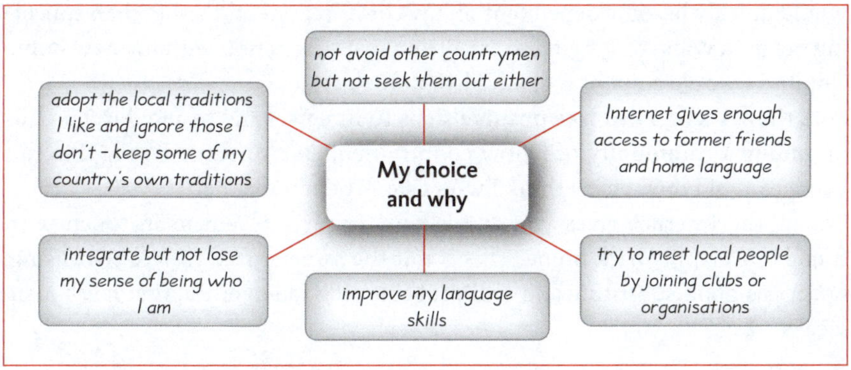

Tip The task assigns a fictional context to your solution. You should consequently pay attention to the formal conventions of writing an email to a friend. Also refer to some of the things you know about the situation in terms of content.

Step 3: Example answer

Hi Sean,

Thank you for your email and for being so compassionate. It's really not easy to leave everything I know behind and resettle somewhere new. So, I appreciate your thoughtfulness and thank you very much for finding out about the German community in my new hometown. However, I'm not sure whether joining an established German community is a good idea.

On the one hand, having a little bit of Germany in my new home country would of course make many things easier. One big attraction is living together with others who speak German so that I wouldn't have to overcome a language barrier. I mean, I can speak English as well, so I wouldn't be completely isolated. However, it's not as easy as speaking my mother tongue. Apart from a shared language, living together with people who have the same traditions would also feel familiar and comforting. There would be a sense of security in that if I required help or support, it would be at hand. It would be easier to make friends and, therefore, the fear of loneliness would be reduced. Furthermore, I probably wouldn't have to deal with resentments against me as a foreigner.

On the other hand, I feel that moving into an established community – a ghetto, to perhaps put it unkindly – would mean moving into a parallel society where there is little motivation or opportunity to integrate with local people. I think I would quickly become dependent on my comfort zone and rather than spreading my own wings and trying to establish a real connection with my new home country, I would somehow always live in the past.

So, I think I will try to take positive steps to integrate and to avoid the pitfalls of joining a community of fellow countrymen. Don't get me wrong, I'm not going to avoid them, but I think I won't seek them out either.

Today, the Internet gives you ample opportunity to remain in touch with friends and family back home. This is not the same as face-to-face socialising, but it is a good substitute and will probably tide me over the first few lonely weeks.

As for the language, I hope I can take our move as an opportunity to further improve my English. Once in the USA, I will try to meet local people by joining clubs and taking part in other social activities.
I must admit, though, that I'll probably take a pick-and-mix attitude to local traditions – I don't want to lose my roots and a sense of who I am; consequently, many German traditions will probably remain important to me. Still, I can even imagine celebrating Christmas in the same way the Americans do, but with one exception – opening at least one of my presents on Christmas Eve. ☺
I hope you can see what I mean and I am still very grateful for your help.

Looking forward to hearing from you again.
Best wishes,
Luca *(493 words)*

The Arts

Text **Mark Rylance: I am Shakespeare (excerpt)**

Introduction: Frank teaches English but he also has a phone-in internet show questioning whether Shakespeare wrote his works. As a result of a storm, Shakespeare appears in Frank's studio. The excerpt from the drama begins where Frank is questioning Shakespeare's authenticity to his online audience.

Frank sets off applause and then new music. "Whole Lotta Love" by Led Zeppelin. He lifts a bust of William Shakespeare onto the desk, opens the head and reaches inside.

Frank. I'll just reach into my Shakespeare or Bust and see what comes out first!

So, Reason Number Ten.

If the actor from Stratford-upon-Avon wrote the sonnets, plays and poems of Shakespeare, which contain the largest vocabulary of any known writer in history, over twenty-five thousand words – that's more than three times the vocabulary used in the King James Bible – including nearly two thousand new words never written before – if those plays are drawn from well over a hundred books in Latin, French, Spanish, Italian, and Greek – if those plays are so accurate about life that specialists in at least thirty-one specialist subjects, from soldiering to navigating at sea … In fact, here they are on the bottom of your screen.

Across the bottom of the internet screens we can read a running list of all the subjects that are accurately described or employed by the author of the Shakespeare plays.

You see … they're going a bit fast to read but … there they are … ranging from esoteric Neoplatonic philosophy to … angling; all those specialists assert that the author must have had direct experience of their subject …

The question is HOW, HOW, HOW did that small-town actor acquire all this knowledge and life experience?

WHAT DOES FRANK SAY?

You can be born with genius, folks, but you can't be born with book-learning or life experience.

Picking up a First Folio with a picture of Shakespeare on the front.

Mr Shakespeare, at present your life story and the book-learning and life experience in these plays, don't match. […]

Frank takes down a framed letter from the back wall of the set and approaches the camera downstage on its tripod. His face and the letter appear as large as possible on the screens above.

You see this, ladies and gentlemen? Do you know what it is? This is the letter rejecting my PhD by one of our top universities.

And do you want to know why my PhD was rejected? Here's the title: *The Identity of the Author of the Shakespeare Works? A Question of Reasonable Doubt.* That's right. The one question you can't ask at university. The one question you are not allowed to ask on the International Shakespeare Website. Wikipedia!

I mean, it's like telling Galileo that he can look at the heavens through his telescope but only if he looks at the moon! As long as an open inquiry into the cause of these works is suppressed, how can we really understand their incredible beauty and humanity? As long as this unbelievable situation exists, this rejection letter stays framed on my wall and I stay here ... still searching for the true identity of William Shakespeare!

There are two knocks on the door.

Frank. Who's there?

Shakspar. Frank.

Frank. Who is it?

Shakspar enters.

Shakspar. Hello, Frank.

Frank. Who are you?

Shakspar. Who do you think I am?

Frank. Who do you think you are?

Shakspar. No, who do *you* think I am?

And more to the point, *why* do you think I am anyone other than who I actually am?

Frank. What?

Shakspar. Why do you do it, Frank?

Frank. Why do I do what?

Shakspar. Why do you get yourself in such a twist about who I am? Haven't you got better things to do? You don't need this to make you special. You should be proud of being just an ordinary good old teacher like your father, Tom.

Frank. How do you know I'm a teacher? How do you know my father's name?

Shakspar. So what's this all about? Book, books, books. Do you know there are more books about my play *Hamlet* than there are about the Bible? But then, I had a head start. There wasn't an English Bible until a few years after *Hamlet.*

Frank. Have you been sent here by the Shakespeare Birthplace Trust?

Shakspar. No.

Frank. The Shakespeare Institute?

Shakspar. No.

Frank. *Begins to speak.*

Shakspar. No.

Frank. Is this some sort of joke?

Shakspar. You can't fathom me, can you? Do you really think people have to be extraordinary themselves to do extraordinary things? I lived a thousand *extraordinary* lives in my writing – so many kings, lovers, murderers. They tired me out, Frank. But that's not who I am.

Frank. You dress up as William Shakespeare, break into my studio, hijack my show and then …

Shakspar. It's time you stopped, Frank. Please. Let it go. I don't want to be man of the millennium. I just want a good millennium sleep. Every time you challenge me, some fool starts another penetrating biography: *Closer to Shakespeare, Shakespeare, The Player, Shakespeare, The Lost Years, Shakespeare for All Time.* Each one's like an electric shock in my sleep, waking me up again. If I had known what it's like to be a ghost, I never would have given them such small parts. *(818 words)*

From: Mark Rylance. I am Shakespeare. *London: Nick Hern Books 2012, pp. 20–24*

Task 1 Outline the issues that Frank has and Shakspar's response to them.

Task 2 Examine the means by which the author conveys Frank's state of mind between lines 4 and 44.

Task 3 You have been asked to give the opening speech for an international youth conference about the role of the arts. While preparing for it, you have come across Oscar Wilde's famous quotation, "All art is quite useless." Use the quote as a basis and write your speech commenting on it.

Step-by-step approach

Task 1

Step 1: Note taking

This task has two sections to it: Frank's issues and Shakspar's response. Use bullet points to identify the relative points relating to each section.
Note: In the answer it is very easy to misspell Shakespeare and Shakspar.

1 Frank's issues:
•
•
•
•
2 Shakspar's response:
•
•
•
•

Step 2: Checkpoint

Did you find all these points or do you need to look more closely at the play?
Decide whether you did well (☺) or if you need to improve your results (☹).
Put the respective symbol in the column on the right. ☺ ☹

1 Frank's issues:	
• Questions Shakespeare's ability and authenticity	
• Shakespeare's life does not correspond to the knowledge and experience required to write what he did	
• His analysis is that other people must have written the plays because Shakespeare couldn't have	

• Angry that people are not allowed to question the facts about Shakespeare and that Shakespeare is treated almost like a god: untouchable and unquestionable	
2 Shakspar's response:	
• Angry that Frank is questioning his authenticity	
• Suggests to Frank to remain a good teacher rather than be a critic	
• Accuses Frank of not being able to work him out nor acknowledge that ordinary people can do amazing things	
• Wants Frank to stop talking about him all the time and to stop criticising him so that he can be at peace	

Tip **Remember: "outline" requires you to merely give the most important facts without commenting on them.**

Step 3: Example answer

In Mark Rylance's drama *I am Shakespeare*, published in London in 2012, Frank, a teacher of English, questions Shakespeare's ability and his authenticity on the grounds that many facts relating to him do not add up. He is convinced that Shakespeare's experiences of life would not have been sufficient to provide him with the knowledge required to write what he did. Pointing out Shakespeare's humble background, Frank implies that the author was neither worldly nor could have been well-read. Therefore, Frank considers Shakespeare to be a fraud and insinuates that someone else must have written his plays.

What also irritates Frank is that people are not allowed to dispute Shakespeare's authenticity and when they do, their opinion is immediately rejected. Frank, therefore, believes Shakespeare is treated almost like a god – untouchable and unquestionable.

Shakspar, on the other hand, is angry that Frank questions his authenticity and is offended by his attitude. He asks Frank why he is against him and what he has done to deserve it. In his opinion, Frank should be satisfied with being a good teacher rather than trying to be a critic.

As Shakspar sees it, Frank is simply not able to work him out or to acknowledge that ordinary people can do amazing things. He complains that Frank's criticisms always result in people writing about him even more, which, in turn, disturbs his peace.

(229 words)

Step-by-step approach

Task 2

Step 1: Note taking

Consider Frank's state of mind – how can you describe it? There is more than one tendency or characteristic that you can mention. Once you have noted the main points, use each as a sub-heading under which to write bullet points showing how the author gives Frank these characteristics.

1 Frank's state of mind:
• Obsessive
•
•
•
•

2 How does the author show these characteristics:
Obsessive • •

Step 2: Checkpoint

Did you find these points? Decide whether you did well (☺) or if you need to improve your results (☹). Put the respective symbol in the column on the right. Of course, you can also find more or different aspects.

	☺ ☹
1 Frank's state of mind:	
• Obsessive	
• Antagonistic/provocative	
• Hurt/bitter	
• Righteous: self-important/authoritative	
• Biased: convinced of his version of the truth	
2 How does the author show these characteristics:	
Obsessive • Provides Frank with a list of issues beginning with no. 10: the author creates suspense and shows Frank's obsession (cf. ll. 4/5) • Repetitions: "If" (ll. 6–13) and "HOW, HOW, HOW" (l. 21), to emphasise Frank's disbelief and stress his anger	

Antagonistic/provocative • Rhetorical questions (cf. ll. 32–34) • Address to Shakespeare himself (sounds like a judicial charge) (cf. ll. 27/28)	
Hurt/bitter • Starting point of Frank's grievance: the refusal of his PhD topic (cf. ll. 29–36) • Hyperbole and repetition ("The one question …") (ll. 36–38): anti-climax ("university", "International Shakespeare Website", "Wikipedia") • Repetitions: "As long as" (ll. 40–44), "stay" (l. 43)	
Righteous: self-important/authoritative • Demonstration of in-depth knowledge of Shakespeare and his works through facts and figures (cf. ll. 8–19) • Question "WHAT DOES FRANK SAY?" (l. 23) • Clear statement that "[y]ou can be born with genius, folks, but you can't be born with book-learning or life experience" (ll. 24/25)	
Biased: convinced of his version of the truth • Comparing not being able to question Shakespeare's achievements (or life) to restricting Galileo's view (cf. ll. 39/40)	

Tip **There are several possibilities to structure your answer. You can follow the text chronologically and thereby show how Frank's state of mind develops in the course of the text. Or you can focus on general adjectives that could be used to describe Frank's state of mind and corroborate each attitude with evidence from the text. For the following example answer, the latter approach has been taken.**

Step 3: Example answer

Mark Rylance's protagonist Frank questions Shakespeare's authenticity and has even established a phone-in internet show to discuss it. The issue's significance to Frank is clearly shown in the way Rylance presents his protagonist's state of mind.

Perhaps the strongest character trait Mark Rylance gives his protagonist is one of obsession. The extract begins with the mention of a list of grievances Frank has collected. The author lets Frank read out "Reason Number Ten" (l. 5) first. By doing this, he immediately creates suspense because readers will want to know what other reasons there are. As even the reason mentioned is quite detailed (cf. ll. 6–22), having a whole list indicates that Frank has worked meticulously to portray Shakespeare as a fraud.

This obsessiveness is further enhanced through repetition. Between lines 6 and 13, Mark Rylance uses three consecutive if-clauses in Frank's monologue to draw attention to the hard-to-believe accepted facts concerning Shakespeare. In addition, both the fact that these if-clauses are never followed by a main clause and Frank's outburst of "HOW, HOW, HOW" in line 21 show how outraged Frank is about these irregularities and the faulty picture of Shakespeare they are evidence of.

Frank's anger is further shown through a series of rhetorical questions. In lines 32 to 34, he asks his online audience about his framed letter and his PhD rejection. He does not really expect an answer, but provides it himself immediately. The rejection of his PhD thesis about the question as to whether Shakespeare really wrote his works has embittered him, which is why he cannot let the matter rest. That Frank has projected his anger onto Shakespeare himself becomes obvious when he directly addresses him as "Mr Shakespeare" (l. 27). He talks to the absent author as if he were to be judged in a court when he accuses him that "at present your life story and the book-learning and life experience in these plays, don't match" (ll. 27/28).

His hurt and bitterness about the rejection of his thesis are further reflected in the repetition of "one question" (ll. 36/37) which also amounts to an example of hyperbole: according to Frank, the only question which is not allowed is a question about Shakespeare's identity. By naming "university" (l. 36), "the International Shakespeare Website" (ll. 37/38) and "Wikipedia" (l. 38) as forums where this question is undesirable, Mark Rylance creates an anti-climax that corroborates Frank's argument: not even a public website like Wikipedia where everything else is discussed at great length would publish this forbidden topic, as Frank bitterly claims.

Further repetitions reflect Frank's hurt and stubbornness: the expressions "[a]s long as" (ll. 40/42) and "this rejection letter stays framed on my wall and I stay here" (l. 43) emphasise that Frank will not back down from his criticism of Shakespeare until things are properly looked at.

Although the author gives the protagonist an authoritative voice through his background as a teacher and someone who is well-educated, Frank's behaviour

sometimes verges on righteousness and self-importance. Frank wants to make obvious that he is an expert in the field of Shakespeare. He shows off his expertise by stating detailed knowledge about Shakespeare and his works: Frank knows that Shakespeare's vocabulary is "more than three times the vocabulary used in the King James Bible" (ll. 8/9), it "includ[es] nearly two thousand new words" (ll. 9/10), his information is gained from over one hundred books in five different languages (cf. ll. 10/11) and he deals with at least thirty-one specialist areas (cf. ll. 12/13). To further illustrate his inside knowledge of the diversity of subjects, an extreme contrast is used when "Neoplatonic philosophy", a clearly academic subject, and "angling" (l. 19), an everyday hobby, are mentioned in one breath. Only someone who has read a lot about Shakespeare would be armed with so many details and numbers.
Frank's feeling of being self-important is also evident in his question "WHAT DOES FRANK SAY?" (l. 23). His self-confident answer, "You can be born with genius, folks, but you can't be born with book-learning or life experience" (ll. 24/25), directly addresses his audience and seems hard to dispute.
This shows that Mark Rylance does not hide Frank's biased attitude towards Shakespeare. There is no subtlety in this characteristic or even a slight acceptance that other views could be possible. For instance, Frank likens not being able to question Shakespeare's achievements to restricting Galileo's view (cf. ll. 39/40). As it is common knowledge that Galileo was right in his assumptions and was hemmed in by conservative and restrictive authorities, Frank presents himself as another victim of an oppressive system that does not allow free research. Thus, he seems to consider his criticism as equally well-founded as Galileo's.
In conclusion, Frank appears to be a very complicated character who has a clear objective in mind and that is to discredit Shakespeare. Maybe Shakspar is not completely wrong when he suspects Frank of not feeling fully acknowledged as a teacher and having some kind of an inferiority complex (cf. ll. 60–62).

(839 words)

Task 3 Step-by-step approach

Step 1: Note taking

With a piece of writing like this, there are no real right or wrong answers. However, you should pay close attention to the text form you are required to produce, namely a speech for a youth conference. As you have a quote to base your speech on, it makes sense to find arguments to agree or disagree with the quote.

1 Addressing the audience:
2 Introduction:
3 Reasons for agreeing with quote:
•
•
4 Reasons for disagreeing with quote:
•
•
5 End:
•
•

Step 2: Checkpoint

The checkpoint is intended as an example of how you could structure your speech and highlights points which could be made. It is not meant to be the only answer to the task.

1 Addressing the audience:
"Ladies and gentlemen, …"

2	**Introduction:**
	Presentation of conference topic, relevance and explanation of quote
3	**Reasons for agreeing with quote:**
	• Freedom of artistic expression
	• No purpose, simply beauty of art, entertainment
4	**Reasons for disagreeing with quote:**
	• Education almost as by-product of enjoying art
	• Art as protest/call to action
5	**End:**
	• Appeal to the audience to make the most of art
	• "Thank you for your attention."

Tip

Don't forget that you are supposed to write a speech for a youth conference. Typical elements of a speech are addresses to the audience, rhetorical devices, like repetitions, anaphora, metaphors, etc., to make your text interesting to listen to, and a greeting as well as a fitting ending.

Step 3: Example answer

Ladies and gentlemen, dear fellow art lovers,

Welcome to this year's youth conference which focuses on the role art can play in our lives. I am very excited to be here and look forward to discussing this topic in numerous workshops and hearing about your ideas. However, if we follow the words of one great Irish writer, all of our coming workshops and discussions will seem outdated before they even start. Of course, I am referring to Oscar Wilde's famous statement that "All art is quite useless." What did he mean by this? And would our convention really turn out unnecessary if we followed his famous words?

In the limited scope of my opening speech it is hard to do justice to Wilde's witty statement. To put it briefly, I would take it as a kind of liberation for the arts: art is and should be free, free to find expressions beyond popular taste, free of the obligation to have a morality and a purpose, free to simply be beautiful in itself. I think all of us who love the arts have experienced that at one point or another: we enjoy books for the simple entertainment reading gives us, we like

looking at a lovely painting just because it gives us pleasure and we love losing ourselves in the rhythm of good music.
While I know and agree with all of that and would even go so far as to suggest that these things – entertainment, pleasure and relaxation – are the main reasons most of us are attracted to art, I still think that art can have other meaningful uses, too.
First and foremost, I am thinking of art's educational value. Please don't get me wrong: I don't want to conjure up boring facts or moral wisdoms that art could teach us in a somehow condescending and patronising way. No, what I mean is that art opens up worlds to us which we would never be able to explore in the so-called real life, the hard reality. Whether we read a novel about times long past, whether we watch a play set in a foreign place, whether we see pictures of events we have not witnessed ourselves, all of this will automatically enrich our outlook on the world. And the settings, plots or objects that art depicts do not even need to be realistic to achieve that effect. On the contrary, it might be exactly the immersion into a world someone else has invented that makes us receptive and open to new experiences and thoughts, which will in turn influence our daily reality.
Apart from its educational use, but closely connected to it is another purpose art can fulfil. Let me state it in very brief terms: art is powerful. Why else have artists often been the first to be persecuted by oppressive political systems? The answer is straightforward: because they have the power to influence people's thinking, to appeal to them emotionally and to finally even propel them into action. Especially because art is free, it can also be provocative. As it is apparently senseless and simply entertaining, it evokes an emotional response which can be more compelling than any direct call to action.
Let me finish my speech by re-inventing Oscar Wilde's quote: Art's greatest uses lie in its uselessness. So, maybe the best artists might not set out to change our thinking or the world. They will probably end up doing so anyway. In this spirit, let us continue to be educated, taught, shaken up, but especially entertained, delighted and inspired by art.

Thank you for your attention and let the conference begin. *(605 words)*

Science and Technology: Blessing or Curse?

Dave Eggers: The Circle (excerpt)

Text

Introduction: The Circle *is a dystopian novel about a fictional IT company of the same name, which is gradually taking control of different areas of life. The novel's protagonist Mae works for the Circle and while she is enthusiastic about the company's many innovative inventions, her ex-boyfriend Mercer is more sceptical.*

Mercer looked through his windshield, then leaned back. "Mae, I've never felt more that there is some cult taking over the world. You know what someone tried to sell me the other day? Actually, I bet it's somehow affiliated with the Circle. Have you heard of Homie? The thing where your phone scans your house for bar codes of every product –"

"Right. Then it orders new stuff whenever you're getting low. It's brilliant."

"You think this is okay?" Mercer said. "You know how they framed it for me? It's the usual utopian vision. This time they were saying it'll reduce waste. If stores know what their customers want, then they don't overproduce, don't overship, don't have to throw stuff away when it's not bought. I mean, like everything else you guys are pushing, it sounds perfect, sounds progressive, but it carries with it more control, more central tracking of everything we do."

"Mercer, the Circle is a group of people like me. Are you saying that somehow we're all in a room somewhere, watching you, planning world domination?"

"No. First of all, I *know* it's all people like you. And that's what's so scary. *Individually* you don't know what you're doing *collectively*. But secondly, don't presume the benevolence of your leaders. For years there was this happy time when those controlling the major internet conduits were actually decent enough people. Or at least they weren't predatory and vengeful. But I always worried, what if someone was willing to use this power to punish those who challenged them?"

"What are you saying?"

"You think it's just a coincidence that every time some congresswoman or blogger talks about monopoly, they suddenly become ensnared in some terrible sex-porn-witchcraft controversy? For twenty years, the internet was capable of ruining anyone in minutes, but not until your Three Wise Men, or at least one of them, was anyone willing to do it. You're saying this is news to you?"

"You're so paranoid. Your conspiracy theory brain always depressed me, Mercer. You sound so ignorant. And saying that Homie is some scary new thing, I mean, for a hundred years there were milkmen who brought you milk. They knew when you needed it. There were butchers who sold you meat, bakers who would drop off bread –"

"But the milkman wasn't scanning my house! I mean, anything with a UPC code can be scanned. Already, millions of people's phones are scanning their homes and communicating all that information out to the world."

"And so what? You don't want Charmin to know how much of their toilet paper you're using? Is Charmin oppressing you in some significant way?"

"No, Mae, it's different. That would be easier to understand. Here, though, there are no oppressors. No one's forcing you to do this. You willingly tie yourself to these leashes. And you willingly become utterly socially autistic. You no longer pick up on basic human communication clues. You're at a table with three humans, all of whom are looking at you and trying to talk to you, and you're staring at a screen, searching for strangers in Dubai."

"You're not so pure, Mercer. You have an email account. You have a website."

"Here's the thing, and it's painful to say this to you. But you're not very interesting anymore. You sit at a desk twelve hours a day and you have nothing to show for it except for some numbers that won't exist or be remembered in a week. You're leaving no evidence that you lived. There's no proof."

"Fuck you, Mercer."

"And worse, you're not *doing* anything interesting anymore. You're not seeing anything, saying anything. The weird paradox is that you think you're at the center of things, and that makes your opinions more valuable, but you yourself are becoming less vibrant. I bet you haven't done anything offscreen in months. Have you?"

"You're such a fucker, Mercer."

"Do you go outside anymore?"

"You're the interesting one, is that it? The idiot who makes chandeliers out of dead animal parts? You're the wonderboy of all that's fascinating?"

"You know what I think, Mae? I think you think that sitting at your desk, frowning and smiling somehow makes you think you're actually living some fascinating life. You comment on things, and that substitutes for doing them. You look at pictures of Nepal, push a smile button, and you think that's the same as going there. I mean, what would happen if you actually went? Your CircleJerk ratings or whatever-the-fuck would drop below an acceptable level! Mae, do you realize how incredibly boring you've become?" *(766 words)*

Material 1

Americans see science and technology as net positives for society

% of U.S. adults who say the effect of ____ on our society has been …

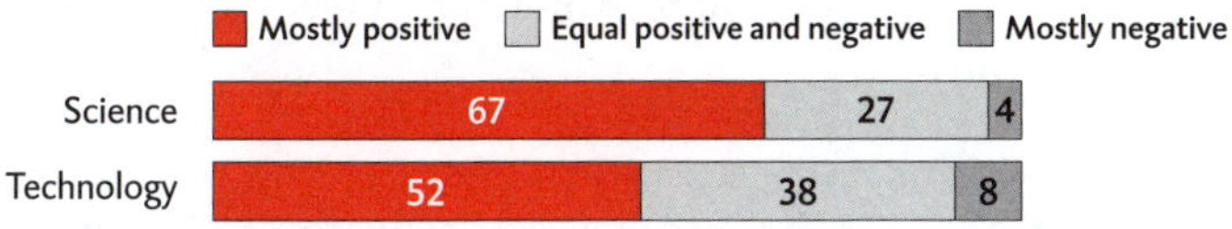

Note: Respondents who did not give an answer are not shown. Each question asked of a randomly selected half of respondents.

eigene Darstellung nach Daten von Survey of U.S. adults conducted March 2–28, 2016. "U.S. Public Wary of Biomedical Technologies to 'Enhance' Human Abilities." PEW RESEARCH CENTER

Material 2

Those who say technology has negative effects cite loss of interpersonal communication

Among the 8 % of U.S. adults who say technology has had a mostly negative effect on society, % who cite the following reasons

Loss of ability to communicate, interact	41 %
Degrades morals and values, promotes negativity	28
Inability to handle normal tasks because of dependence on devices	20
Misuse of information	16
References to specific devices/Internet	14
Safety issues (e. g., texting and driving)	6
Health problems	3
Pollution, environmental degradation	1
General negative	3
Positive effects (e. g., health/medicine)	1
Other/indecipherable	3
Don't know/not sure	7

Note: Based on those who say technology has had a mostly negative effect on society. Verbatim responses are coded into categories; several figures in the table are based on combining related codes into NET categories. Figures add to more than 100 % because multiple responses were allowed.

eigene Darstellung nach Daten von Survey of U.S. adults conducted March 2–28, 2016. "U.S. Public Wary of Biomedical Technologies to 'Enhance' Human Abilities." PEW RESEARCH CENTER

Task 1 Describe the times in which the protagonists live.

Task 2 Analyse the two statistics on how Americans view technology and relate your findings to the text.

Task 3 One person's utopia can be another one's dystopia. Comment on this thought. You can draw upon information from the extract or illustrate your thoughts with other examples.

Step-by-step approach

Task 1

Step 1: Note taking

Make notes on the following aspects of the extract.

1 General situation:
•
•
2 What is the Circle?
•
•
•

Step 2: Checkpoint

Before you begin writing, look at the "Checkpoint" to see if you found all the information. Structure your answer before starting to write.
Decide whether you did well (☺) or if you need to improve your results (☹). Put the respective symbol in the column on the right.

	☺ ☹
1 General situation:	
• Internet as normal part of everyday life	
• The Circle: more control than ever before	
2 What is the Circle?	
• IT company controlled by so-called "Three Wise Men"	
• Social network	
• Produces innovative new products ("Homie")	

Tip **To describe the times in which the protagonists live, it might be advisable to start with a comparison to our own circumstances. As the Internet and technology are the main points of interest in the extract, you should focus on these in your description, too. You can start with a general overview and then focus on the company "The Circle" and the role it plays for the lives of people in this fictional society. "Describe" does not require you to evaluate developments, so try to portray them as neutrally and concisely as possible.**

Step 3: Example answer

The society Dave Eggers portrays in his dystopian novel *The Circle* does not seem too different from our modern times today. The Internet and technological innovations appear to be normal parts of everyday life, with people having email accounts or websites. Rather comprehensive online control of people's privacy and reputation also seems to be taken for granted.

However, there is one IT company called "The Circle" which seems to be on the verge of taking even greater control of people's lives. The Circle is presided over by a group known as the "Three Wise Men" while its staff is made up of ordinary people. It is both a source of innovative technological inventions, like Homie, for instance, a smartphone application which automatically finds out which things to order by scanning bar codes in someone's household, and a comprehensive social network where members give insight into their experiences and others comment on them.

While some people, like Mae, praise the Circle's products and enjoy being active in its social network, others, like Mercer, warn that there is too much control over people's lives concentrated in the "Three Wise Men's" hands. Furthermore, the virtual life might gradually be substituting for real and meaningful social relationships. *(203 words)*

Step-by-step approach

Task 2

Step 1: Note taking

Make notes concerning the two statistics. As you read through them, try to analyse the content rather than just giving the percentages. Look for any links with the text, too. Consider an introduction and an end: What is the general message of the statistics and of the text extract? How do they complement each other?

1 Introduction / general topic:
•
•
2 Diagram 1: Americans see science and technology as net positives for society
•
•
•
3 Diagram 2: Those who say technology …
•
•
•
•
4 Novel *The Circle* – Proponents of the Circle (e. g. Mae):
•
•
5 Novel *The Circle* – Opponents of the Circle (e. g. Mercer):
•
•

•
•
6 Conclusion: How do the results from the statistics and the tendencies mentioned in the novel fit together?
•
•

Step 2: Checkpoint

Decide whether you did well (☺) or if you need to improve your results (☹). Put the respective symbol in the column on the right.

	☺ ☹
1 Introduction / general topic:	
• Statistics on Americans' view on science and technology which reveal an overall positive attitude	
• Dystopian novel *The Circle* which warns of technology's dangers	
2 Diagram 1: Americans see science and technology as net positives for society	
• Majority of Americans think effects have been overall positive	
• Technology seen slightly less positively than science	
• But only less than 10 % have an overall negative attitude	
3 Diagram 2: Those who say technology …	
• Clear leader is the loss of communicative abilities	
• Negativity	
• Addiction	
• Misuse of information (only 16 %)	

4 Novel *The Circle* – Proponents of the Circle (e. g. Mae):	
• Homie hailed as means against overproduction and waste	
• Fears are only paranoia because "normal people" work at the Circle	
5 Novel *The Circle* – Mercer:	
• Total control/surveillance	
• Destruction of adversaries' reputations	
• Online communication makes people "socially autistic"	
• Social networks as substitutes for real experiences	
6 Conclusion: How do the results from the statistics and the tendencies mentioned in the novel fit together?	
• At first glance reality more positive/less threatening than fiction	
• Typically dystopian: exaggeration of existing problems to sensitise for/warn of them	

Tip

As there are two parts to this task (the summary of the statistics on the one hand and the analysis of the extract on the other), you can structure your answer in two different ways: either you start with describing the two statistics and continue with relevant aspects from the text. If you choose that strategy, it is advisable to write a general introduction as well as a conclusion to bring together all your findings. Or you can combine single aspects from the statistics with evidence from the text and either confirm or contradict the statistical data immediately. In this example answer, the first approach has been chosen.

Step 3: Example answer

One of the main topics in Dave Eggers's novel *The Circle* is technology and its uses, but also its dangers for society. Surveys from the Pew Research Center, conducted in March 2016, revealed that most Americans do not see technology as overall threatening. Still, the people interviewed who saw it as worrying

named some of the disadvantages and dangers that Dave Eggers also alludes to in his novel.
Generally, a majority of American adults answered that technology and especially science were mostly positive for society. While about a quarter, respectively a third of the people interviewed admitted that science, respectively technology might have both positive and negative effects, only less than 10 % thought that the developments' dangers outweighed their benefits.
In a second survey, those who had focused on technology's downside were asked to specify the negative consequences. Almost half of all respondents feared that technology might make people lose their communicative abilities. At least about a quarter of the people interviewed saw a degradation of morals and values and accused technology of promoting negativity, while only a fifth feared addiction to and dependence on technological devices. Even fewer people named misuse of information as a potential danger and other health or environmental concerns were negligibly small.
Mae, the protagonist of the novel *The Circle*, could be seen as a typical proponent of technology and its usefulness. She calls Homie "brilliant" (l. 6) and is certainly convinced that it hinders shops from overproducing, overshipping and waste, as Mercer critically describes the Circle's propaganda for the product (cf. ll. 8–10). To Mercer's fears, she reacts dismissively, calling him "paranoid" (l. 27) and an "idiot" (l. 56). She stresses that "normal" people like herself work for the IT company "The Circle", which is why conspiracy theories are only exaggerations and scaremongering in her opinion.
On the other hand, Mae is not really able to effectively counter all of Mercer's arguments. In the course of their conversation, she seems to react more and more defensively, only answering Mercer's fears and warnings with insults (cf. ll. 48, 54, 56/57).
One of Mercer's main concerns about Homie and the Circle in general is that total surveillance of people becomes possible. He calls this "more control, more central tracking of everything we do" (l. 12). As a consequence of the collection of personal information, Mercer fears a misuse of data. As he puts it, anyone who openly speaks up against the Circle is immediately "ensnared in some terrible sex-porn-witchcraft controversy" (ll. 23/24). In other words, the company's opponents are discredited and the information gathered through constant transparency is put to dishonourable uses.
Mercer's second big issue with life dominated by the Circle is that the focus on online communication renders people like Mae "socially autistic" (l. 39). He gives an example of her sitting at a table with three others, but only staring at her mobile phone instead of communicating with real human beings (cf. ll. 40–

42). Furthermore, Mercer deplores that the virtual reality of the Circle's social networks substitutes for any real-life experiences. He mentions the online activities of "frowning and smiling" (l. 59), analogous to the "like" and "dislike" buttons in many known networks, which suggest to Mae and other online users that they actually participate in the experiences they rate, instead of realising that in reality they are "not doing anything [...] not seeing anything, saying anything" (ll. 49/50).

All in all, *The Circle* mentions many of the dangers people also see about technology in real-life situations: the loss of interpersonal communicative skills and the misuse of data are presented as the biggest threats in this extract from Eggers's novel. His strategy of introducing a protagonist who herself falls victim to many of these dangers and is neither aware of it nor able to argue her point conclusively is an especially impressive warning.

That is exactly what dystopian literature usually aims at: exaggerating existent dangers in order to sensitise the readers to them. While the results from the statistics make it clear that most people do not perceive technology as overall negative, they do associate some dangers with it. So far, these dangers might play a minor role in people's perception, but being warned and made aware of them might equip society better for successfully guarding against them.

(718 words)

Task 3 Step-by-step approach

Step 1: Note taking

Fill in the following essay plan with the ideas that come to mind when considering the assignment.

1 Introduction:
2 Area I: Technology and the Internet (see also *The Circle*)
• Utopia/advantages:
• Dystopia/disadvantages:
3 Area II: Other life circumstances, e.g. living in the city vs. in nature
•
•
4 End/Conclusion:

Step 2: Checkpoint

The essay topic is very personal, which means that your own solution can greatly differ from the one suggested here. However, the essay plan might be helpful when structuring your answer.

1	**Introduction:**
	Definition of terms "utopia" and "dystopia"
2	**Area I: Technology and the Internet (see also *The Circle*)**
	• Utopia/advantages: instant access to all kinds of information, socially just means of education, transparency, worldwide contact/global communication
	• Dystopia/disadvantages: only living virtually, loss of face-to-face communication, quick spread of fake news, populists' hate speech and influence, data protection endangered
3	**Area II: Other life circumstances, e. g. living in the city vs. in nature**
	• For some nature as untouched paradise
	• For others isolation perceived as threatening; need and want daily contact, culture etc.
4	**End/Conclusion:**
	Diversity/pluralism good, real dystopia is when sb is forced to live according to sb else's utopia

For this task, you have to comment on a given statement. It is usually a good idea to begin your essay with explaining the statement. Then you should formulate your own opinion on whether you agree with the statement and corroborate your point of view with some convincing arguments. As specified in the task, it makes sense here to refer to the extract of the novel, but thoughts on all kinds of utopias/dystopias are permissible. Tip

Step 3: Example answer

According to definition, a utopia is a place that does not really exist, but where everything is perfect. Therefore, the expression is often used to denote a dream-like society whose members live in harmony and without problems. The opposite would be a dystopian society where everything is extremely bad, people are oppressed, nature is destroyed, etc. In literature, utopia and dystopia are often not too far one from the other. Some place that looks very advanced and wonderful at a superficial glance, for example because all diseases and poverty have been eradicated and everything seems perfectly organised, turns out to function only because of an oppressive totalitarian regime that tries to get rid of any kind of opposition. So, circumstances usually need to be regarded from many different perspectives before deciding whether they really are utopian, dystopian or rather something in between.

The technologically advanced society in Dave Eggers's novel *The Circle* perfectly exemplifies this: Mae, who is committed to her work at the IT company, hails the technological progress it promises as something wonderful whereas her friend Mercer sees only control, oppression and standardisation when considering the Circle.

Seen from a broader perspective, I really think that the digital age and the Internet can be both a blessing and a curse. Since its origins, proponents of the World Wide Web have been claiming it would make the world a better and fairer place by allowing everyone access to all kinds of information, by forcing governments and other leading organisations to be more transparent and by making global communication possible.

Especially in recent years, however, the Internet enthusiasts have been challenged by people who condemn the web with equal passion. Fake news can be spread easily, populists can make use of the Internet to propagate their hate speech without any checks and the virtual reality that many of us are almost addicted to often substitutes for real-life contacts and relationships. When one adds the widespread fear of privacy breeches and data theft, it becomes obvious that the utopia of an unlimited access to knowledge can easily turn into a dystopia of unchecked proliferation of personal data – if it has not already happened.

Other developments or personal decisions can help to understand that what one person might consider as desirable, another one might feel hemmed in or threatened by. For instance, there are more and more people who wish to leave noisy cities and the so-called civilised culture behind and long for a simpler existence. That is why they move to a place far away from "civilisation" and feel

they can only be truly themselves in their untouched little paradise. For others, however, living in a remote place is a horrific nightmare. They would feel insecure and threatened far away from a city's amenities and would additionally miss the daily contact with other people or the cultural offers of city life.
So, what is the best way – living by oneself in a secluded spot or close to others in easy reach to medical care, cultural and social highlights? And should we make use of the countless offers the Internet provides us with or rather meet them with caution or even rejection? In my opinion, there is not one single easy answer to these questions. It is a good thing that there are so many people with their unique viewpoints. One person's dream could be someone else's nightmare. For me, a real dystopia begins when those in a position of power do not accept these differences and force others to live according to their vision of a utopia. *(596 words)*